INVESTINDO EM SMALL CAPS

ANDERSON
LUEDERS

INVESTINDO EM *SMALL CAPS*

Um roteiro completo para se tornar um investidor de sucesso

3ª Edição

ELSEVIER

CAMPUS

Copidesque: Mariflor Brenlla Rial Rocha
Revisão: Edna Cavalcanti e Roberta Borges
Editoração Eletrônica: Estúdio Castellani

Elsevier Editora Ltda.
Conhecimento sem Fronteiras
Rua Sete de Setembro, 111 – 16º andar
20050-006 – Centro – Rio de Janeiro – RJ – Brasil

Rua Quintana, 753 – 8º andar
04569-011 – Brooklin – São Paulo – SP

Serviço de Atendimento ao Cliente
0800-0265340
sac@elsevier.com.br

ISBN 978-85-352-3201-1

Nota: Muito zelo e técnica foram empregados na edição desta obra. No entanto, podem ocorrer erros de digitação, impressão ou dúvida conceitual. Em qualquer das hipóteses, solicitamos a comunicação ao nosso Serviço de Atendimento ao Cliente, para que possamos esclarecer ou encaminhar a questão.

Nem a editora nem o autor assumem qualquer responsabilidade por eventuais danos ou perdas a pessoas ou bens, originados do uso desta publicação.

CIP-Brasil. Catalogação-na-fonte
Sindicato Nacional dos Editores de Livros, RJ

L975i Lueders, Anderson
Investindo em small caps : um roteiro completo para se tornar um investidor de sucesso / Anderson Lueders. – Rio de Janeiro : Elsevier, 2008 – 3ª reimpressão.
il.

Inclui bibliografia
ISBN 978-85-352-3201-1

1. Ações (Finanças). 2. Investimentos – Análise. 3. Mercado de ações. I. Título.

08-3569. CDD: 332.632
CDU: 336.76

Este livro é dedicado a meu
filho Anthony Henrique,
nascido da mais linda expressão do amor.

Agradecimentos

A meus pais, Perci e Icelda, que me ofereceram as primeiras oportunidades de desenvolvimento, amor e exemplos de honestidade e comprometimento pelo que fazem.

A minha esposa, Luciane, sempre ao meu lado, com a compreensão necessária para suportar minha ausência durante o tempo de escrita do livro.

À competente equipe da Editora Campus/Elsevier, especialmente a Caroline Rothmüller, José Antônio Rugeri e Eduardo V.M. Villela.

Aos integrantes do Grupo Graham, pelas elevadas discussões de temas relevantes na área de investimento acionário, em especial aos amigos Marco Goulart e Flávio Bicca, que me auxiliaram na conclusão desta obra.

À colaboração de Carlos Eduardo, que me auxiliou durante o período de pesquisa bibliográfica, e ao amigo Anderson Alves Elesbão, cujo conhecimento foi fundamental para o resultado final aqui apresentado.

Aos leitores do blog que mantenho na ADVFN, que me incentivaram a realizar esta obra.

O Autor

Anderson Lueders é bacharel em Direito e funcionário público da Justiça Federal de Santa Catarina, com pós-graduações em Política Judiciária e Administração da Justiça, pela PUC-PR, e em Gestão Empresarial – MBA concedido pela Fundação Getulio Vargas.

Anderson é investidor há oito anos, com ênfase em ações de pouca visibilidade, as *small caps*, e estuda os diversos movimentos desses ativos, buscando detectar, antes do mercado, os motivos das valorizações futuras. Conhecido como Small Caps em fóruns de investimento, é autor do blog "*Small Caps,* em busca do tesouro desprezado", cujo foco é revelar aspectos da análise de empresas com baixo valor de mercado e comentar a evolução das participantes desse segmento.

Prefácio

O mercado de ações brasileiro vive uma fase de forte crescimento. Tradicionais opções de investimentos em renda fixa tornam-se cada vez menos interessantes, levando vários investidores a migrarem para o mercado de renda variável.

Esses novos investidores e aqueles que anteriormente estavam participando nos pregões da bolsa paulista possuem, quase na totalidade, um perfil bastante comum: o foco em ações com grande liquidez e com ampla cobertura de analistas financeiros, nem por isso livres dos humores do mercado de capitais internacional (o que ficou evidente durante a crise das hipotecas no mercado americano).

No entanto, a bolsa brasileira não se limita a esses papéis badalados. Existem diversas oportunidades para se obter retornos superiores com empresas ainda desprezadas pelo mercado. Conhecidas como *small caps,* ou ativos de 2ª ou 3ª linhas, essas empresas, apesar da classificação depreciativa, muitas vezes guardam verdadeiros tesouros inexplorados. Diversos investidores jamais ouviram falar nelas, ou, se ouviram, talvez nem saibam que são negociadas na bolsa.

Pesquisar no universo total de ações da bolsa e encontrar essas empresas subavaliadas, com potencial de crescimento exponencial, é tarefa que exige preparo técnico e comportamental, além de métodos adequados. Não se trata de opções de investimentos expostas em uma vitrine, com inúmeros indicativos, propagandas e facilidade imediata de acesso a análises e material de apoio à decisão. Felizmente, todo o esforço necessário para localizar uma excepcional empresa, costumeiramente uma *small cap*, é altamente recompensado no caso de acerto. Há situações em que o retorno supera 10, 20, 50 vezes o investimento inicial! Trata-se do justo prêmio para quem dedicou seu tempo e nadou contra o comodismo que é seguir indicações de terceiros.

Este livro apresenta um roteiro completo para que o investidor tenha sucesso em sua empreitada no mercado, abordando aspectos que o diferenciará para obter ganhos consistentes a longo prazo. Você saberá quanto está pagando quando compra uma ação e quais são seus riscos, livrando-o do tormento costumeiro para os investidores em geral, que é decidir o que comprar, quando, em qual quantidade, como se comportar, que dinheiro utilizar, dentre outras questões.

Muitas dessas dúvidas são abordadas neste livro, servindo como apoio às decisões de investimento, desde a garimpagem de ações no mercado até a fase de compras, manutenção e vendas.

O primeiro capítulo do livro apresenta ao leitor o panorama atual do mercado acionário, explorando os motivos que levaram à ampliação de seu número de participantes. O investidor será orientado acerca da importância de manter seu capital distribuído conforme a análise de atratividade multimercado e da necessidade de aprender educação financeira, evitando a fé cega nos gurus que a todo instante surgem e desaparecem do mercado de ações. Será discutida, também, uma das razões fundamentais para o sucesso de muitos investidores que acumularam fortunas: o aproveitamento da ineficiência do mercado, que age de maneira bastante emocional no curto prazo. O primeiro capítulo traz, ainda, a classificação dos ativos conforme o valor de mercado e a cobertura – ou a falta dela – que se tem dos ativos negociados na bolsa. Os motivos para seleção de *small caps* são expostos com destaque para os resultados que podem ser obtidos.

O segundo capítulo demonstra a grande importância de saber analisar os múltiplos da análise fundamentalista. Muitos já devem ter escutado os termos Preço/Lucro, Preço/Valor Patrimonial, dividendos pagos, entre outros. Se ainda não os conhece, você aprenderá a calcular tais indicadores. Saber como calcular e onde encontrar o indicador já calculado é apenas o primeiro passo. O segredo do sucesso é sua utilização de maneira adequada, por isso, os erros mais comuns quando do uso e a partir de qual patamar a relação é atrativa serão debatidos.

Comprar ações de uma empresa apenas considerando seus fundamentos, sua marca, seu prestígio, sua propaganda no mercado, sem observar o quanto está pagando por tudo isso pode lhe custar muito caro após anos de investimento sem um retorno adequado. Não basta ter uma empresa com boa gestão e excelentes perspectivas se tudo isso estiver previamente embutido nos preços. Os indicadores fundamentalistas servirão de bússola para você avaliar ótimas opções de investimento, analisando por completo a relação custo-benefício.

No terceiro capítulo elementos fundamentais para análise dos balanços das empresas serão abordados, com destaque para os aspectos relevantes que passam despercebidos pelo mercado no momento da avaliação das empresas. Dentre estes, serão discutidos os fatos recorrentes e não-recorrentes nas atividades empresariais que afetam os balanços e enganam investidores desavisados.

A análise criteriosa do balanço permite a antecipação de provável resultado futuro da companhia, conforme alguns parâmetros econômicos se movem. Os aspectos intangíveis que melhoram o desempenho empresarial, como a gestão de pessoas, as tecnologias empregadas e as políticas de marketing, também são mencionados. Além de avaliar as conseqüências das decisões passadas das empresas, o capítulo trata da análise das perspectivas futuras. Realce fundamental será dado no estudo do impacto que a divulgação de balanços provoca nas cotações de empresas desprezadas.

O capítulo traz ainda fontes de informações gratuitas que, com o tempo, o tornarão um investidor muito mais qualificado e preparado para a descoberta de oportunidades de investimento.

O quarto capítulo discorre acerca dos tipos de empresas, quais sejam: empresas de valor, com boa margem de segurança decorrente de indicadores de mercado abaixo da média e histórico de resultados confiáveis e positivos; empresas de crescimento, cujo principal diferencial é o fato de se expandirem a uma taxa elevada, atuando em um mercado que pode absorver bem esse crescimento; empresas em situação especial, que estão buscando forças para superar um quadro adverso - e há indícios de que isso possivelmente ocorrerá.

O investidor estará apto a avaliar, sozinho, de acordo com os indicadores da análise fundamentalista específicos para cada tipo de empresa, se a alta das cotações de determinadas companhias é justa ou mera especulação.

O quinto capítulo auxilia o investidor na tarefa de compor uma carteira de ações, buscando a maximização dos ganhos com medidas mitigadoras dos riscos; tudo conforme seus objetivos e prazos para o investimento em ações.

Um destaque é dado às características individuais do investidor, consideradas essenciais para definição do tipo de carteira a ser formada e da pesquisa a ser realizada. O maior risco do mercado acionário deriva da forma como o investidor atua. Quem não sabe avaliar o que está comprando corre o sério risco de entrar na bolsa para "pagar a conta" dos lucros alheios.

A questão da diversificação eficiente e os benefícios oriundos desta serão apresentados. A liquidez das ações é apreciada com os olhos de um investidor comum, de longo prazo, focando as oportunidades que estão escondidas nos ativos de baixa liquidez.

O sexto capítulo discute como as negociações freqüentes na bolsa afetam a performance do investidor. Serão abordados os bons momentos para compra de ações, manutenção ou venda, com especial destaque ao aproveitamento da irracionalidade de muitos atuantes no mercado acionário, que vendem suas ações quando estão muito baratas e correm eufóricos para compras quando os preços estão elevados. Você enxergará as oportunidades com outros olhos!

Comparação especial ocorrerá entre as ofertas públicas iniciais, as IPOs, e o anúncio de recompra de ações por parte da empresa, discorrendo sobre as reações erradas do mercado ineficiente em relação a esses eventos. Muitos investidores não pagariam preços absurdos em algumas IPOs que hoje custam até 30% do valor inicial se soubessem fazer a análise da relação preço-valor.

No sétimo capítulo, os aspectos comportamentais para o investimento em ações são destacados. Não basta preparar-se tecnicamente se os comportamentos emocionais o impedem de realizar adequadamente suas operações. Os comportamentos que permitem o sucesso e aqueles que levam investidores ao fracasso são discutidos.

Para finalizar, é exposto, no oitavo capítulo, o *case* de sucesso da carteira *small caps*, elaborada pelo autor em seu blog. Durante o ano de 2007, diversas ações foram escolhidas com base nos ensinamentos deste livro, compondo uma carteira que recebeu o nome "carteira *small caps*" e apresentou desempenho médio das indicações um pouco superior a 100% no referido ano.

O último capítulo, então, demonstra, na prática, as questões envolvidas no momento da formação da carteira, com o estudo detalhado da compra de três empresas distintas, cada uma com suas peculiaridades. Todas as informações antecedentes e análises efetuadas, bem como os resultados posteriores e os efeitos nas cotações das companhias são expostos. Trata-se da aferição dos resultados que podem ser obtidos por meio do investimento em *small caps* e que servem para extirpar alguns mitos vigentes no mercado de ações.

O livro é ilustrado com exemplos reais vivenciados pelo autor durante sua trajetória no mercado, que por um longo período acompanha como os fatos, balanços e notícias influenciam as cotações das empresas.

Descubra você o encantador mundo das oportunidades desprezadas no mercado e aproveite-as de forma inteligente ao longo de sua trajetória como investidor.

Sumário

CAPÍTULO

1

Contextualização

1.1. Evolução do mercado acionário no Brasil

O mercado acionário brasileiro tem passado por transformações surpreendentes nos últimos anos. A economia brasileira amadureceu bastante. O passado de descontrole de gastos públicos, de emissão de papel sem considerar seus efeitos nocivos na economia, e a certeza de que a qualquer momento poderia ser editado um novo pacote econômico, mudando tudo e afetando todos, certamente eram os ingredientes necessários para que poucos acreditassem ser possível poupar e planejar o futuro financeiro. Pouco se podia fazer diante das gigantescas taxas de inflação.

O Plano Real, no entanto, trouxe uma nova esperança para a população. Apesar da forte desconfiança inicial, aos poucos a inflação foi chegando a patamares civilizados e não era mais necessário correr, e gastar o salário no primeiro dia, para poder comprar as mesmas coisas que estariam muito mais caras no decorrer daquele mesmo mês. O sucesso do Plano Real custou caro aos cofres públicos no início. Como o ritmo de impressão de papel-moeda diminuiu, o governo viu-se obrigado a endividar-se a uma velocidade preocupante.

Muitos, então, puderam surfar na onda dos juros altos. Para o poupador, não existia mundo melhor. Inflação sob controle, juros nas alturas e lucros garantidos, sem riscos. Não era necessário, e talvez nem valesse muito a pena, conhecer alternativas diversas de investimento, afinal, para que correr riscos se era possível, com certa facilidade, dobrar o capital a cada quatro anos? Para que perder tempo estudando opções do mercado de investimentos se os juros compostos da época eram suficientes para que a economia de pouca quantidade de capital tornasse o investidor milionário?

Porém, como essa política passou a custar muito caro em decorrência do endividamento crescente do Estado, foi preciso mudar. Aos poucos, iniciou-se a política brasileira de diminuição dos juros reais. Muita coisa foi alterada com a estabilidade econômica. Em pouco tempo, o famoso problema chamado Dívida Externa passou a ficar para trás. O mundo também mudava e os produtos da pauta de exportações brasileiras ficavam com preços paulatinamente maiores. A nova locomotiva do crescimento mundial, a China, trouxe seus efeitos benéficos ao Brasil. Resultado: a dívida externa foi paga e o Brasil se transformou em uma economia com o selo de grau de investimento reconhecido por duas agências de classificação de risco.

Isso tudo trouxe preocupações para os investidores da renda fixa. Os estratosféricos juros reais começaram a cair. Conseqüentemente, a rentabilidade das aplicações mais seguras despencou, deixando descontentes muitos brasileiros, até então acostumados com aquela situação. Chegava o momento de buscar alternativas.

Ao mesmo tempo em que tudo isso acontecia, surgiram os *homebrokers*, sistemas de negociação de ações pela internet. Isso contribuiu para a redução dos custos de operação no mercado acionário e ampliou bastante sua democratização. Permitiu, também, maior transparência aos negócios. O investidor podia ver, de sua casa, quais eram as melhores ofertas de compra e de venda de cada papel, e passou a ter a capacidade de tomar suas decisões sem depender de intermediários. A queda dos juros e as novas facilidades de negociação motivaram muitos investidores a pesquisar alternativas no mercado acionário.

Um fato relevante durante essa evolução, verdadeiro marco para a cultura de economia no Brasil, decorreu da possibilidade de se aplicar em ações da Petrobras e da Vale do Rio Doce, em especial para aqueles que pudessem utilizar os recursos do FGTS na compra das ações. Muitos trabalhadores, então, enxergaram a oportunidade de trocar seus parcos rendimentos, de TR mais 3% ao ano garantidos nas contas vinculadas do FGTS, pela renda variável. Quem trocou se deu muito bem, uma vez que em ambos os casos os rendimentos superam de longe os 1.000%.

Esse fato foi primordial para que muitos novos investidores em empresas com capital na bolsa acordassem para a possibilidade de remunerar o capital. A Bolsa de Valores de São Paulo também intensificava sua atuação para aumentar o número de participantes no pregão, com seu programa "Bovespa vai até Você", que visitou fábricas, praias e universidades divulgando o mercado acionário.

A criação do *homebroker* e o sucesso das vendas de ações da Petrobras e da Vale do Rio Doce, no entanto, não foram suficientes para que o número de investidores crescesse de forma consistente. O mercado acionário continuava sendo desprezível fonte de capital para as empresas nacionais, pois os juros reais eram ainda muito altos, o que tornava muito difícil para uma nova empresa atrair investidores suficientes para a abertura de capital na bolsa. Ainda ocorria o contrário, ou seja, o fechamento de capital, devido ao baixo valor de mercado que as empresas tinham em bolsa, contribuindo para que o número de ações de empresas negociadas na Bovespa fosse reduzido. O cenário era de descrença no futuro da economia. O volume de dinheiro negociado diariamente no pregão não dava sinais de reação.

Atualmente, presenciamos uma nova realidade. Novas mídias passaram a se interessar pelo mercado acionário. Revistas semanais trazem diversas reportagens sobre pessoas que tiveram sucesso no mercado de ações. As valorizações das ações dos últimos anos são assunto de muitas pessoas, especialmente daquelas que aplicaram o dinheiro do FGTS em ações da Petrobras ou da Vale do Rio Doce.

Em 2007, mais dois grandes acontecimentos. As ofertas públicas iniciais (IPOs) de ações da Bovespa e da BM&F representaram o grande estopim para a disparada do número de usuários cadastrados para investir por meio do *homebroker*. O número de clubes de investimentos aumentava em proporções jamais vistas. De repente, uma enxurrada de novos investidores passou a se interessar pelo mercado de ações.

É fundamental que isso ocorra. Em países mais desenvolvidos, onde as pessoas possuem melhor acesso ao conhecimento e às opções de investimento, a proporção de indivíduos com aplicações em bolsa chega a 50% do total de habitantes. No Brasil, apesar do crescente interesse, está-se longe de representar 1% da população nas compras diretas de ações, havendo um longo caminho de democratização do acesso às aplicações, o que passa pela melhor educação financeira.

Aliado ao crescimento do número de investidores, as empresas começaram a se preocupar com a transparência de seus atos. Muitas delas abriram capital e passaram a ser negociadas diretamente no "Novo Mercado" da Bovespa, que exige o cumprimento de diversas regras adicionais e mais rígidas de governança corporativa, como ter apenas ações ordinárias – com direito a voto – em sua composição acionária e direito a *tag along*, no caso de alienação da empresa, pelo que, caso haja troca de controle da empresa, os demais acionistas terão o direito de vender suas ações pelo mesmo preço pago aos controladores. São garantias extras que revelam a legítima preocupação dos acionistas controladores com os direitos dos acionistas minoritários.

Esse movimento todo de ingresso de novos investidores, aliado a certa euforia com os resultados das últimos IPOs, chegou a provocar extremo interesse nas novas aberturas de capital tanto dos investidores nacionais quanto dos estrangeiros, que passaram a aplicar recursos expressivos no Brasil com a queda do risco-país em níveis mais civilizados. Muitos dos preços das IPOs mais recentes representaram toda essa procura, partindo de preços mais inflados e diminuindo a perspectiva de rendimento por parte dos novos acionistas.

Essa enxurrada de novatos integrantes no mundo das ações trouxe uma série de investidores que ainda não sabem exatamente qual estratégia seguir. Não estão certos, ainda, se irão adotar a escola da análise técnica – que se baseia no estudo dos gráficos das cotações – ou da análise fundamentalista – que se inspira no estudo dos resultados das empresas.

Para se ter uma idéia do que o investidor pessoa física passou a representar no mercado de ações, conforme informações do Valor Online (http://www.valoronline.com.br) publicadas no dia 3 de abril de 2008 ("Homebroker tem recorde e mais de 100 clubes de investimento foram abertos em março". Reportagem em: 3 de abril de 2008, 19h12), o *homebroker* registrou 31,24% dos negócios realizados durante o pregão da Bolsa de Valores de São Paulo no mês de março de 2008, com giro total de R$24,77 bilhões. Além disso, foram abertos mais de 100 clubes de investimento, totalizando quase 2.400. A Companhia Brasileira de Liquidação e Custódia (CBLC) passou a registrar mais de 485 mil investidores pessoa física.

Todo esse novo contingente de investidores descobrirá que dificilmente serão encontradas no mercado respostas fáceis e adequadas, se é ou não o momento de comprar, manter ou vender ações. Estes devem se perguntar se estão suficientemente preparados para ter sucesso no mercado acionário. Aliás, é provável que na primeira grande seqüência de queda da bolsa, o que não ocorre há mais de cinco anos, muitos chegarão à conclusão de que esta não passa de um cassino. De fato é, para quem não sabe avaliar se o preço que está pagando pela empresa escolhida é adequado para possibilitar ganhos com a valorização das ações.

No final de 2007 e início de 2008, enquanto o índice da bolsa subia, influenciado pela disparada das commodities no mercado internacional – o índice acionário da bolsa brasileira tem forte influência de papéis desse segmento –, muitos dos ativos que tiveram ofertas públicas recentes projetaram-se em uma queda que vitimou diversos novos aplicadores. De fato, os setores da moda se alteram em velocidade surpreendente, servindo como prova disso os badalados papéis de construtoras, as quais lançaram diversas ofertas públicas em seqüência até o final de 2007 e em pouco tempo algumas passaram de heróis da valorização a vilões da queda, amargando o bolso de muita gente que estava começando.

Em mercados de euforia, é comum que as recomendações dos analistas de mercado continuem parecidas, independentemente do preço em que os ativos se encontram. Isso ocorre ainda que se avizinhe uma queda, embora ninguém possa precisar quando. Em mercados deprimidos, poucas recomendações de compra de ações são veiculadas. Nesses momentos, a matéria parece nem ao menos dar ibope, provavelmente porque muita gente prefere nem falar no assunto, por estar juntando os cacos da última queda.

Para quem acompanha o mercado há mais tempo, convém refletir sobre quantas recomendações de compra encontrou em empresas siderúrgicas, como Gerdau e Usiminas, durante o período em que estavam extremamente depreciadas, entre os anos de 1998 e 2001. Atualmente, após altas acumuladas bastante superiores a 1.000%, você encontra todos dizendo: compre Gerdau, Usiminas, Petrobras, Vale etc. Será que não teria valido a pena, então, descobrir papéis desse tipo quando custavam 5% apenas do valor atual? No ano 2000, a moda eram os papéis de empresas de telefonia. Compare o rendimento da maioria dessas empresas com aquelas que integravam o setor de commodities para analisar o quanto vale a pena estudar e descobrir sozinho quais são, de fato, as empresas que o mercado está desprezando no momento e que guardam potenciais de valorização superiores.

O certo é que o investidor de sucesso não deve aguardar a benevolência de terceiros para tomar suas decisões acertadas. Ele deve qualificar-se para que não vire apenas um jogador do mercado, como se operasse um videogame, sem ter noção do que está comprando e se está pagando barato ou caro.

Ao contrário do que os últimos anos na bolsa podem sugerir, ganhar dinheiro nesse mercado, de forma sistemática e responsável, não é atividade trivial. A busca das melhores opções e da estratégia adequada exige um comportamento apropriado do investidor, revelando-se essencial o estudo de determinados indicadores fundamentalistas para embasar as decisões de compra e de venda e de quando realizar as operações.

É bom que o investidor conheça também a queda. Preços inchados, projeções excessivamente otimistas e o predomínio da emoção sobre a razão constituem os ingredientes necessários para a formação de bolhas, que, na seqüência, resultam em uma enormidade de investidores machucados, lamentando o "azar" que tiveram.

É bom que você saiba que muitos profissionais do mercado utilizam suas técnicas de negociação sem se importar com o que seria um preço razoável a pagar por um papel. São histórias do tipo "compre, porque está subindo"; "venda, porque está caindo".

O que você encontrará neste livro visa a municiá-lo de informações que lhe permitam avaliar as melhores oportunidades de investimento que muitas vezes se encontram nas ações de pequenas empresas, a maioria com baixa liquidez, conhecidas como *small caps*. Não são ações da moda – você certamente não encontrará publicações sobre esses ativos com facilidade. Mais difícil ainda será encontrar analistas profissionais recomendando esses ativos. Aliás, boa parte dos analistas profissionais limita-se a analisar os papéis em voga, geralmente os mais negociados no pregão.

Neste livro, portanto, você poderá descobrir uma forma diferente de ver as ações, em uma versão em que a barulheira do pregão, o desespero de uma queda ou a euforia de uma alta são substituídos pela análise racional de uma decisão de investimento, com técnica e sabedoria. Você certamente saberá o que fazer quando a ação cair, quando subir ou, simplesmente, quando ela ficar onde está.

É fundamental saber que o caminho não tem as facilidades costumeiramente pregadas nas mais diversas publicações. Também não serão encontradas as tradicionais opções que todo mundo está saturado de escutar, sempre sobre as mesmas empresas. Esse caminho exige que o investidor saiba utilizar adequadamente seu conhecimento, decidindo de maneira apropriada e enxergando o mercado como fonte de inúmeras oportunidades a serem reveladas, desde que seja utilizada uma forma de análise que aumente suas probabilidades de sucesso.

O mercado não é um guichê para apostas em bilhetes premiados, mas sim um local para se obter um desempenho sistematicamente positivo, minimizando os riscos e maximizando as oportunidades de retornos surpreendentes.

No livro não serão debatidos cálculos complexos. Muitos dos conhecimentos, na verdade, são bastante simples. Basta utilizá-los corretamente e ter a sensibilidade de pensar de forma própria, aproveitando-se dos erros de análise, bastante comuns, dos demais investidores.

Seja qual for o tamanho de seu capital, o conteúdo do livro servirá para uma boa seleção de ações. Ainda que você não goste do investimento em *small caps*, a leitura será interessante em razão da abordagem de diversos pontos de análise que servem para averiguar o valor de todos os tipos de papéis, além da apresentação de estratégias e do estudo de comportamentos do mercado, questões que interessam igualmente à mais variada gama de investidores.

1.2. A importância da educação financeira

Muitos brasileiros enfrentam com bastante dedicação seu período de estudos. Preocupam-se em aprender muito para garantir melhor colocação profissional futura. Durante essa fase, algumas pessoas têm desempenho excelente, com avaliações que demonstram exuberância de conhecimento. Toda essa preparação visa inicialmente ao vestibular, mas continua durante a faculdade. Colocações profissionais de destaque são conquistadas por diversos excelentes estudantes e contribuem para que consigam elevada remuneração. Quando esses ganhos salariais maiores chegam, muitos se consideram satisfeitos e esquecem-se de algo fundamental: preparar-se para administrar os recursos financeiros provenientes de sua atuação profissional.

Todo aquele esforço durante anos de estudo, de verdadeira garra demonstrada para subir "degraus na vida", desaparece. A preocupação e a luta para conquistar o emprego, que exigiram anos de dedicação, dão lugar a certo relaxamento na hora de organizar as contas pessoais. O descontrole eventualmente começa na contabilização de receitas e despesas. Por mais que se ganhe, boa parte da população tem a segunda conta superior à primeira, gerando desequilíbrios e estresses desnecessários. Felizmente, vários ultrapassam essas barreiras iniciais e conseguem iniciar uma poupança, que é a garantia necessária para qualquer indivíduo superar com tranqüilidade infortúnios dos quais não se tem escolha.

Porém, o trabalho de garantir um futuro melhor e até mesmo uma vida presente com melhores condições de tomar as decisões mais adequadas, sem aquela pressão das dívidas se avolumando, deve se voltar para o momento de escolher boas alternativas de investimento.

Você deve fazer seu dinheiro trabalhar para você. De nada adianta superar a tentação do consumo imediato, às vezes até antes do pagamento, gerando dívidas sobre dívidas, se não há um investimento adequado para recompensá-lo pelo esforço.

Um dos problemas que está na origem do desconhecimento das opções de investimento é exatamente a completa inexistência de educação financeira nas escolas. Pelo contrário, geralmente se aprende que é necessário ter um bom emprego e trabalhar com afinco. Somente quando se chega próximo à aposentadoria é que muitos descobrem que deveriam ter pensado em melhores alternativas de gestão do capital quando jovens. Não há nada de errado na grande dedicação profissional e em almejar bastante sucesso nessa área. O problema consiste em achar que isso é o suficiente para garantir uma vida tranqüila.

Justamente por pensar em como incrementar a rentabilidade de suas economias e gerar superávit nas contas mensais é que muitos investidores estão passando a investir na bolsa. O assunto passou a ser comum nos mais diferentes ambientes, com comentários, por exemplo, sobre o último investimento realizado por determinadas pessoas no mercado acionário e que atingiram enorme êxito. Alguns se saboreiam explicando como conseguiram fazer aquele *daytrade* – compra e venda de uma ação no mesmo dia – de forma tão lúcida e eficiente, gerando lucros extraordinários.

Investir na bolsa, de fato, pode ser eletrizante. Por ser tão eletrizante, há risco de o investidor levar um choque caso não saiba o que faz nem tenha uma estratégia adequada para defender seu capital dos ataques especulativos. Vale então lembrar que o mercado não perdoa quem não sabe o que faz, diferentemente do Senhor (Buffett & Clark, 2007, p. 23).

Esse é um grande risco que pode ser enfrentado por boa parte dos novos investidores atraídos para o mercado de capitais, muitos dos quais utilizando recursos angariados durante anos de economia que, infelizmente, podem tornar-se "pó" em operações especulativas de curto prazo e sem uma análise adequada da empresa alvo do investimento.

Nessa circunstância, as ações deixam de representar uma empresa e passam a ser apenas símbolos de quatro dígitos maiúsculos seguidos de um número. Não há mais qualquer relação concreta entre os preços e a empresa que aqueles símbolos deveriam representar. Mas um dia o mercado pode vir cobrar a conta.

Assim, é essencial que o investidor treine suas habilidades de escolha, tenha uma estratégia testada e, principalmente, saiba o quanto pode e está disposto a perder em uma aplicação. É muito menos traumático aprender de forma fictícia, em um simulador de investimentos, para que se possa conhecer com mais tranqüilidade o mercado de ações, sempre lembrando que, no momento em que for para valer, um outro componente haverá de agir sobre suas decisões: as emoções.

O grande investidor Benjamim Graham, que influenciou o método de investimento de Warren Buffett, orienta que os investidores primeiro treinem suas habilidades, assim como músicos e atletas o fazem exaustivamente antes de se apresentarem.

É importante recordar que os investidores brasileiros que ingressaram no mercado de capitais nos últimos cinco anos ainda não sabem o que é queda de verdade, como ocorreu em diversos ciclos anteriores. Até agora, o fluxo de capital valorizou quase todas as ações da bolsa, trazendo a sensação de que o investidor sobreviveu por sua competência.

Mas nem sempre será assim, e esse mesmo fluxo positivo de capital que tem aumentado os preços das ações, inclusive em razão do interesse dos investidores estrangeiros, pode um dia se inverter e ficar negativo por muito mais tempo do que o bolso do investidor possa suportar.

Não que eu considere que isso ocorrerá no curto prazo. Aliás, a ninguém é dado o poder de prever com certeza o próximo passo do mercado acionário. No mundo da renda variável, tudo se baseia em probabilidades. A única coisa certa é que se não forem efetuadas as análises corretas, e sem uma estratégia de longo prazo, é possível que seu resultado seja frustrante após o primeiro período de investimentos.

A perda inicial de capital em uma aplicação tem efeito devastador na rentabilidade futura dos investimentos. Com efeito, quem perde 50% em uma aplicação não deverá ganhar apenas 50% para chegar ao capital inicial. Não, neste caso chega-se a 75% do capital inicial. Na verdade, é necessário 100% de ganho apenas para empatar com o investimento inicial. Imagine o quanto não seria necessário para se recompor de uma perda de 80%!

Inevitavelmente, algumas de suas escolhas no mercado acionário resultarão em perdas. O investidor, então, deve buscar a "margem de segurança" defendida por Graham (Graham & Zweig, 2007, p. 569) para que as perdas não originem seqüelas irreparáveis no patrimônio. A busca de investimentos no mercado acionário que tenham essa margem de segurança será também objeto de estudo neste livro.

Como lembrado por Ferreira (2008, p. 146), a escolha que você fizer hoje trará desdobramentos e conseqüências para seu futuro. Não adiantará se arrepender depois. Primeiro, busque adquirir as habilidades necessárias para decidir, de forma que as probabilidades estejam a seu favor.

Desse modo, ao gerar a renda e gastar menos do que essa quantia, aprender a investir o saldo pode evitar que você tenha que trabalhar a vida inteira, além de diminuir a possibilidade de, ao término de seu período produtivo, você não poder ao menos manter seu padrão de vida atual.

Cuidado se você é um daqueles que está esperando das mãos do governo a manutenção do padrão de vida. Nunca é demais lembrar a situação de inúmeros aposentados que contribuíram para o INSS sobre uma folha de pagamento de 10 salários mínimos e hoje não recebem nem o equivalente a 5 salários mínimos. A tendência é que o número de aposentados continue aumentando e, com ele, a pressão por reduções ainda maiores na renda da aposentadoria. Isso sem falar nos critérios cada vez mais rígidos para concessão de aposentadorias, a exemplo do que ocorreu e ocorre em todos os países em que a população envelhece e a expectativa de vida aumenta.

Ou seja, depender de uma previdência oficial para seu sustento futuro pode lhe reservar surpresas desagradáveis. Muitos, então, passam a acreditar na gestão de terceiros para garantir os recursos necessários para a aposentadoria. Em determinadas situações nem isso basta, o que fica evidente em razão da quebra de alguns fundos de pensão. Esses fundos, assim como as empresas que os gerenciam, infelizmente, podem quebrar, e confiar seu destino e centralizar todas as suas economias em uma única fonte de rendimentos pode não ser boa idéia. Basta lembrar o que ocorreu nos Estados Unidos com os pensionistas da empresa US Airways e, no Brasil, com aposentados filiados a determinados fundos de pensão que foram obrigados a reduzir os benefícios pagos. Evidencia-se, assim, que muitas coisas se repetem mundo afora e apenas um olhar atento e crítico pode impedir que o investidor seja vítima.

Uma melhor educação financeira permitirá o aproveitamento da mágica dos juros e/ou retornos dos investimentos compostos, diminuindo sobremaneira o desgaste das economias próprias. Quanto mais cedo você começar a carreira de investidor, maior será o prazo para que os rendimentos de capital se multipliquem, e mais cedo você vencerá o "jogo do dinheiro", termo utilizado por Kiyosaki e Lechter (2004, p. 158). No momento em que for vencido o "jogo do dinheiro", os rendimentos líquidos de suas aplicações financeiras serão suficientes para pagar seus gastos habituais sem a necessidade obrigatória de mais trabalho assalariado.

Muitos, ao contrário, por não terem suficiente educação financeira, ou por infelicidades e circunstâncias de vida, acabam sofrendo o efeito inverso das perversas taxas de juros, que tornam as dívidas impagáveis e desgastam a vida pessoal e familiar. O tempo corre contra quem tem dívidas e é aliado de quem tem recursos financeiros disponíveis.

É claro que se manter com rendimentos financeiros também exige certa margem de segurança, pois, ao mesmo tempo em que as taxas de juros podem cair, diminuindo a remuneração dos investimentos em renda fixa, os resultados das empresas podem piorar, deteriorando o recebimento de dividendos ou juros sobre o capital próprio dos recursos aplicados em ações.

Em sua educação, é essencial conhecer o conceito de valor presente e valor futuro utilizado em matemática financeira, facilitando bastante seu caminho e motivando-o a alcançar o objetivo de conquistar sua autonomia, libertando-o das políticas governamentais ou do sucesso de investimentos administrados por terceiros. Seja qual for sua idade e renda, sempre é tempo de começar a trilhar o caminho do investimento consciente e da independência financeira. Aproveite todo o potencial que o tempo lhe dá e comece o quanto antes.

Treine seu lado investidor, e não apenas seu potencial produtivo, pois é possível que, com o sucesso alcançado em suas aplicações, você passe a receber tanto ou mais capital que aquele originário de sua força de trabalho. É isso que explica a corriqueira sensação de que os ricos ficam cada vez mais ricos e os pobres caminham na direção contrária. Enquanto aqueles que possuem quantia significativa de capital ficam recebendo rendimentos adicionais, os que pouco têm ainda consomem seu salário pagando pesadas taxas de juros em seus financiamentos a perder de vista. A educação financeira, até mesmo para os menos favorecidos, faz muita falta, pois, nos financiamentos que obtêm, acabam pagando até duas vezes ou mais pelo produto desejado.

Enfim, avalie de forma sistemática sua posição no "jogo do dinheiro", para visualizar se seu objetivo está sendo atingido. Lembre-se de que, com o tempo, sua força produtiva diminuirá e, com ela, suas possibilidades de auferir renda por meio de trabalho assalariado, revelando-se extremamente proveitoso que nessa ocasião possa entrar em cena a capacidade que você teve de poupar e fazer seu dinheiro trabalhar.

1.3. A separação adequada do capital a ser utilizado

O mercado acionário é volátil, imprevisível, suscetível à influência de inúmeros fatores, revelando-se praticamente impossível acertar quando estará em períodos de queda ou de alta. O maior inimigo de seu investimento, além da falta de conhecimento do que está comprando, é não ter o capital necessário para investimento em bolsa pelo tempo suficiente para que as boas escolhas comecem a gerar resultados.

Com efeito, quem não planeja seus investimentos corre o risco de ter disponibilidade de dinheiro justamente em um momento de euforia do mercado, escolhendo ativos caros. Depois, pode acabar precisando dele quando o humor do mercado tiver virado, em um de seus comuns episódios de bipolaridade, obrigando-o a vender suas aplicações em um momento ruim.

O investimento em ações é, na essência, uma estratégia de longo prazo que exige paciência, disciplina e recursos financeiros sem prazo de validade, sem destinação certa em um prazo curto ou médio. Do contrário, você pode estar cortando pela raiz o potencial de uma grande escolha que tem a possibilidade de resultar em excelentes lucros futuros. Assim, antes de ingressar no mundo das ações, é fundamental que o investidor esteja precavido em relação às suas necessidades mais básicas. É recomendável que tenha o equivalente a aproximadamente seis meses de gastos mensais investido em aplicações menos voláteis, como renda fixa, para as emergências que, independentemente de sua idade, podem surgir na vida.

Se o objetivo do investidor for, por exemplo, comprar um imóvel daqui a dois anos, é extremamente arriscado acreditar que o mercado acionário lhe garantirá rendimentos extras para o intento. É claro que existe também a possibilidade de ganhar bastante, mas muitas vezes o mercado passa períodos extensos de queda, pelos mais variados pretextos – aumento do preço do petróleo, diminuição do crescimento chinês, inflação em alta, entre outros –, e o sonho da casa própria pode se tornar um pesadelo. O pior é que após longos períodos de alta, há forte tendência de os analistas continuarem a recomendar o investimento em ações sem considerar se estão sobrevalorizadas. Há propensão ao excesso de otimismo à medida que os índices acionários da bolsa sobem, inclusive por parte da mídia. Recorde-se do que ocorreu durante os sucessivos recordes do índice Bovespa no Brasil. Toda semana uma revista abordava o assunto na capa: "bolsa de valores", "fique rico", "como conquistar milhões" etc. Justamente esses são os momentos que podem indicar uma queda a caminho, afinal, se todos estão comprando ou estão quase totalmente comprados em ações, quem será o próximo a alimentar o fluxo de aquisições de ações, gerando a valorização de seus preços?

No mercado de queda ocorre o contrário, com evidente tendência de os analistas se tornarem apreensivos, pessimistas com o futuro, recomendando que você se mantenha afastado das ações. Nesse momento, porém, após um período de queda, é muito provável que os preços das ações estejam recomeçando a ficar convidativos. As publicações sobre o assunto escasseiam e se você ainda não ingressou no mundo acionário, certamente haverá em todo lugar o sinal de alerta ligado para evitar que isso seja feito, exatamente no instante em que os preços estarão mais baixos, com maiores potenciais de valorização.

A transição entre um momento de euforia e um de depressão por vezes leva 5, 10 anos, revelando que a simples localização de um bom ativo não basta. É necessário, também, tempo para que a nuvem negra que se instalou sobre o mercado se dissipe e, aos poucos, possa dar lugar a um novo clima de confiança, capaz de favorecer um novo período de gradativa alta das cotações. Os ciclos econômicos interferem ativamente na percepção das pessoas e nos resultados das empresas. Como dito, tudo isso é bastante imprevisível e o risco diminui na mesma proporção que seu tempo de investimento aumenta.

Dispondo do capital suficiente para emergências, você estará assegurando o primeiro requisito de segurança para investir no mercado acionário, evitando o ingresso no jogo especulativo. Em uma decisão de investimento, o incremento do dinheiro está ligado a melhores perspectivas, ainda não percebidas pelo mercado, sobre a empresa escolhida, ou seja, é necessário tempo para que isso ocorra. A grande propaganda em torno dos investimentos acionários, com intensas operações de compra e de venda, leva muitos investidores a abandonarem a razão e se aventurarem nas operações diárias, hipótese em que o prazo do capital não tem importância.

Warren Buffett (Hagstrom, 2008, p. 205-6) considera o risco do investimento proporcional ao tempo da aplicação. "Se você comprar uma ação hoje", ele explica, "com a intenção de vendê-la amanhã, terá entrado em uma transação arriscada."

Ter tempo de disponibilidade do dinheiro, portanto, permite que o investidor atravesse os momentos de estresse com maior tranqüilidade, garantindo-lhe condições mais adequadas para escolher a melhor oportunidade para encerrar uma aplicação, até mesmo em um dos momentos de euforia irracional, no qual a análise dos fundamentos lhe permitirá saber se o preço traduz-se em uma boa porta de saída.

Providencial nesse sentido é o seguinte raciocínio: "Por maior que seja o talento ou o esforço, algumas coisas exigem tempo: não dá para produzir um bebê em um mês ao engravidar nove mulheres." (Buffett & Clark, 2007, p. 148)

Assim, você deve ter em mente que o mercado pode demorar a precificar adequadamente os ativos que você selecionou e o capital destinado à aquisição das ações não pode ter destinação certa de curto prazo, o que inclusive produziria maior apreensão durante as crises.

Outro aspecto relevante sobre o tempo disponível do capital para o investimento acionário diz respeito à crença de que quando se atinge idade próxima à aposentadoria, deve-se evitar a renda variável. No entanto, o horizonte de tempo em que o dinheiro será utilizado não tem ligação com sua idade e sim com seu ganho mensal e seus gastos. Se os rendimentos líquidos de impostos e do efeito inflacionário sobre o principal são suficientes para a manutenção do investidor, não há por que se desfazer das ações que lhe garantem essa tranqüilidade.

Ademais, vários são os ativos disponíveis para escolha, especialmente *small caps*, cujo prazo de maturação dos investimentos realizados na produção, do início do projeto até sua implementação final, exige tempo para começar a mostrar resultados. Como poucos investidores qualificam-se para antever esses movimentos, caso você faça uma escolha com base nessa situação precisará de tempo para que o mercado possa visualizar, no aumento do faturamento e do lucro líquido, a melhora da empresa. Apenas quem tem tempo, disciplina e paciência suficientes pode fazer sua compra no anúncio do projeto e colher os frutos, em caso de êxito, durante o período de alta das cotações de uma empresa que poderá ocorrer após o mercado conhecer o novo patamar de lucros.

1.4. Análise multimercado da atratividade dos investimentos

Este livro trata primordialmente de investimento em ações sob a perspectiva da análise fundamentalista com foco em empresas de baixo valor de mercado, conhecidas por *small caps*. No entanto, é fundamental que o investidor mantenha acompanhamento periódico de suas escolhas e tenha parcela de seu capital investida também em outras aplicações disponíveis no mercado, como uma estratégia de diversificação que se fundamenta tanto na idéia de redução dos riscos, como no planejamento voltado para as necessidades específicas de cada um.

A atratividade dos investimentos sofre a influência de inúmeros fatores. Dentre eles destacam-se as taxas de juros praticadas e as opções que o mercado de investimento em geral está oferecendo em dado momento. Nos períodos em que as taxas de juros estão mais elevadas, os investidores costumam atribuir valores menores para as ações – isso porque as perspectivas de lucros futuros das empresas são estimadas em valor presente para se decidir o preço justo de uma ação. O termo valor presente é utilizado na matemática financeira e indica quanto equivale hoje uma quantia futura, de acordo com determinada taxa de juros. Quanto maior a taxa de juros a ser descontada do valor futuro, menor será o valor presente. É por isso que, no mercado de ações, os índices das bolsas costumam cair quando há perspectivas de aumentos nos juros e vice-versa.

Assim, embora os mercados disponíveis para investimento apresentem diferentes níveis de risco e rentabilidade, todos acabam sendo influenciados pelo que acontece em qualquer um deles. É inegável que o investimento que pode apresentar maior rentabilidade é o oriundo do mercado de ações, pois se trata de um mercado de renda variável. A probabilidade de êxito no mercado de ações tem forte incremento se você tiver tempo e habilidade suficientes para gerenciar a própria carteira, eliminando as perdas oriundas das taxas de administração, tributações e eventuais erros de decisão nos investimentos geridos por terceiros.

As ações são, por natureza, voláteis. Em um dia, é possível conseguir a rentabilidade de anos de poupança, ao passo que uma forte queda pode anular o retorno que somente seria recuperado depois de muitos anos naquela aplicação. Aliás, muitos poupadores acreditam que, para se proteger do risco nos investimentos, devem necessariamente alocar seu capital na poupança ou, no máximo, em um fundo de investimento conservador. Porém, quanto ao investimento na poupança, convém recordar dos acontecimentos durante diversos planos econômicos, que diminuíam a correção monetária devida ou confiscavam o direito de uso. Além dessas decisões de extremo desrespeito ao poupador, há outro problema: Qual é a garantia de que o rendimento da aplicação será ao menos superior ao da inflação? Há períodos em que o índice de inflação, como o IGP-M da Fundação Getulio Vargas, acumula variação superior a 10% em um ano, e a poupança não chega a 8%. Particularmente, não vejo mais como alguém possa se sentir plenamente seguro em um investimento que não garante rendimento nem ao menos superior a alguns índices inflacionários.

Aliás, a possibilidade de se alcançar um "futuro melhor" apenas com o rendimento da poupança é quase nulo e dependerá quase que exclusivamente dos aportes individuais efetuados. É por isso que, em termos de risco, investir na poupança como opção de longo prazo – aqui estou excluindo o curto e o médio prazos – pode ser superior a um investimento em ações bem selecionadas. Pelo menos nessa hipótese, o tal futuro melhor pode efetivamente acontecer e o investidor tem a possibilidade de não apenas superar a inflação, mas também de ficar rico.

Mas ainda que seja evidente esse risco inflacionário específico, os investimentos conservadores não podem ser descartados. Na realidade, o investimento em ações deve estar equacionado com a quantia de capital aplicada em renda fixa – aqui incluída a poupança – e até mesmo em opções menos conhecidas no mercado, como os fundos imobiliários com cotas negociadas nas bolsas de valores.

É certo que durante sua carreira como investidor no mercado acionário, haverá períodos de longa queda, como a que ocorreu com as ações no Brasil entre 2000 e 2002. Quem estava com investimentos apenas em ações no ano 2000, sem qualquer investimento alternativo com rentabilidade e risco distinto, chegou a ficar, em média, com apenas 50% do capital inicial. É verdade que posteriormente houve recuperação expressiva e muito superior à queda, porém, no pior momento – o índice Bovespa chegou a estar abaixo de 9.000 pontos –, o investidor poderia ter comprado diversas ações de empresas que estavam em verdadeira liquidação, fôlego inexistente àqueles que estavam totalmente posicionados e, portanto, incapazes de aproveitar o momento.

Cada investidor deverá definir os percentuais que poderá aplicar nos mercados de investimento disponíveis. Isso dependerá muito das necessidades individuais, como tempo em que o recurso estará disponível, gastos já devidamente cobertos por aplicações conservadoras em caso de emergências, entre outros fatores, especialmente os relacionados à atratividade da bolsa em termos de indicadores fundamentalistas das empresas.

O assunto sobre como iniciar os investimentos em ações será tratado em capítulo específico. Adianto apenas que o importante é ingressar na bolsa de valores de modo paulatino, ampliando os negócios na medida em que o investidor se conheça e entenda melhor os movimentos do mercado de ações.

Entre os investimentos disponíveis, é interessante adotar como estratégia a aplicação de parte do capital em ativos que gerem fluxo de caixa contínuo, como os títulos públicos com pagamentos de cupom semestral ou os fundos imobiliários, em especial esses últimos, pois, apesar de terem riscos um pouco superiores aos dos títulos de renda fixa de curto prazo, os rendimentos mensais que deles decorrem asseguram ao investidor um fluxo de capital mais regular, permitindo-lhe aproveitar melhor as oportunidades que surgem a todo momento. Futuramente, quando você puder viver de renda, estes serão importantes para lhe garantir um fluxo contínuo de rendimentos sem reduzir o investimento principal, como um salário.

Se o investimento em ações tornar-se proporcionalmente muito superior às demais aplicações, será um indicativo de provável êxito nas escolhas das ações, o que deriva de análises acertadas. Nessa hipótese, será interessante vender parte da carteira de ações para recompor a renda fixa ou, eventualmente, outra aplicação, como os fundos imobiliários. Nos momentos de queda, faça a operação inversa. Assim, você sempre estará comprando ações na baixa e vendendo na alta, o cenário ideal.

Para compor o investimento em renda fixa, convém estudar as opções de títulos públicos negociados na internet pelo Tesouro Direto. As informações estão disponíveis no link http://www.tesouro.fazenda.gov.br/tesouro_direto/. Lembre-se de escolher um agente de custódia com taxas competitivas para que seus rendimentos não sejam todos consumidos pelos custos dos bancos ou das corretoras.

Há quem compare o retorno dos investimentos em renda fixa com o pagamento de dividendos, sugerindo que só vale a pena investir nas empresas quando esse pagamento for superior ao rendimento dos juros. Esse assunto será abordado no tópico que trata do indicador de pagamento de dividendos das ações.

O investimento em renda fixa é também sugerido por Graham, ao defender que o "componente renda fixa" de uma carteira deve ficar entre 25% e 75% do total investido, conforme a atratividade do mercado de ações em dado momento. Até mesmo Warren Buffett, conhecido por seus pesados investimentos no mercado acionário, mantém na empresa que administra – a Berkshire – 30% do capital disponível em renda fixa (Hagstrom, 2008, p. 180) e chegou a vender todas as suas ações quando elas estavam excessivamente caras, no início da década de 1970.

Por fim, é importante mencionar que embora as opções de investimento em todo o mercado sejam inúmeras, boa parte das usualmente oferecidas ao poupador comum pelas instituições financeiras está entre as piores possíveis. Quanto a isso, basta lembrar se alguma vez foi oferecido a você ou a alguém de sua família um título de capitalização, o primeiro "investimento" de muita gente. Nesse produto bancário, você pode ganhar um prêmio e depois recebe de volta o dinheiro "corrigido" pela TR, que tem variado algo próximo a 2% ao ano, enquanto a inflação jamais ficou abaixo disso, pelo menos na história recente do Brasil. Você não precisa fazer qualquer esforço para aplicar neste "investimento" e todo mês está lá, um débito em sua conta. O esforço, na realidade, ocorre quando se propõe a negar a alternativa. Alguém já ligou alguma vez para você dizendo: "Olha, acabamos de localizar um relatório de uma empresa *small cap*, em que o valor de mercado de seu ativo é muito superior ao valor contabilizado no balanço, e você agora tem a grande oportunidade de fazer seu melhor investimento!" Acredito que isso nunca aconteceu nem jamais acontecerá com você. O sistema é preparado não para oferecer as melhores opções, mas sim aquelas que geram os maiores lucros a quem os oferece, inclusive nas demais alternativas de investimento.

Essas opções, portanto, devem ser bem estudadas considerando que são complementares entre si e interdependentes no que concerne aos retornos oferecidos. Trata-se de um sistema dinâmico e não de um mercado estanque e isolado. Acima de tudo, aprenda a estudar as alternativas antes de aceitar a primeira sugestão que lhe é posta à mesa ou ao telefone.

1.5. Classificação e cobertura das ações

As empresas disponíveis para investimento na Bolsa de Valores de São Paulo costumam ser classificadas conforme o tamanho e a negociabilidade diária. As empresas com maior volume financeiro de negócios são chamadas de *blue chips*, ou ações de primeira linha. Elas têm valor de mercado relevante e geralmente pertencem a setores que estão em voga, o que acaba atraindo toda uma gama de investidores, com suas mais variadas estratégias.

As integrantes do time de primeira linha variam com o tempo. Muitas empresas que foram *blue chips* no passado, hoje apenas perambulam no mercado acionário, com episódicos negócios. Durante muito tempo o posto de principal empresa da bolsa coube à Telebrás, antes da privatização. Em seguida, e ainda do mesmo setor, a empresa que ocupou essa posição foi a Telemar. Na época, a telefonia despontava com um futuro para lá de promissor.

Atualmente, um setor que tem se valorizado bastante, com importância crescente no giro diário dos negócios, é o referente às empresas da cadeia de commodities, como Petrobras, Vale do Rio Doce e Companhia Siderúrgica Nacional, seguidas de algumas empresas do setor bancário. Tornar-se uma *blue chip*, portanto tem ampla relação com expressivos valores de mercado e liquidez diária.

O mercado considera como de segunda linha uma grande gama de papéis, inclusive de empresas igualmente grandes e brilhantes, mas sem o mesmo estrelato no giro diário do pregão. Alguns ainda defendem a existência de papéis de terceira linha, composto por empresas ainda menos conhecidas. O fato é que existem, além das *blue chips*, as empresas médias ou pequenas, conhecidas como *small caps*, merecedoras de especial atenção neste livro.

Recentemente, a Anbid (Associação Nacional dos Bancos de Investimento) definiu critérios para definir o que considera como fundo de investimento em *small caps*, por meio da "Classificação Anbid de Fundos de Investimento", atualizada pela Deliberação n. 33, de 21 de janeiro de 2008. Trata-se de um fundo em que 90% de seus investimentos recaem sobre as 75 empresas menos líquidas que compõem o índice IBX 100 da Bovespa, sendo que os demais 10% podem ser investidos em quaisquer empresas, com exceção das 10 empresas mais líquidas do IBX 100. A verdade é que, para definir o que considera *small caps*, a Anbid acabou optando por adotar no critério apenas 75 empresas, e entre as mais líquidas, quando a bolsa tem muito mais de 300 empresas consideradas pequenas para investimento.

Quando comparada a uma empresa sem ações em bolsa, diversas *small caps* podem ser consideradas gigantes, inclusive com casos em que o faturamento é superior à casa do bilhão de reais. Logo, considerar a empresa como pequena depende muito do paradigma utilizado. Comparadas às *blue chips*, algumas efetivamente são minúsculas, mas o que importa é que tamanho nada tem a ver com perspectivas futuras e desempenho. O fato de o nome da classificação ser "primeira linha" ou "segunda linha", ou qual linha se atribuir, nada diz a respeito aos fundamentos econômicos.

A cobertura de mercado pelas empresas especializadas no segmento financeiro de renda variável, como bancos, corretoras e seus analistas, concentra-se, em geral, nos papéis de maior liquidez. Os investidores têm a tendência de investir em grandes empresas, e isso se deve também à facilidade de encontrar argumentos que incentivam a compra. Com efeito, nove em dez analistas falam sempre das mesmas empresas, do que deriva uma enorme omissão referente a oportunidades nunca analisadas, das quais a maioria sequer toma conhecimento da existência. A impressão é que o mercado se resume à meia dúzia de escolhas de investimento, ignorando mais de 350 empresas. Felizes daqueles que já descobriram as outras 350 e podem compor portfolios de investimentos mais diversificados.

Assim como em diversas atividades cotidianas, a bolsa também representa um fenômeno econômico com uma série de interesses envolvidos, de modo que o sucesso nos investimentos depende da capacidade de tirar conclusões próprias para se obter um desempenho diferenciado.

Para que se possa entender melhor esse fenômeno de concentração da análise nos papéis mais líquidos do mercado, convém observar quais foram as 20 ações de empresas mais negociadas no período de um ano, entre maio de 2007 e abril de 2008. Observe atentamente como as ações cujas análises e informações mais fáceis de serem encontradas estão posicionadas logo no início da tabela, sendo que as duas primeiras têm vários fundos de investimento acionário focados apenas em seus papéis:

Período de maio de 2007 a abril de 2008

AÇÃO	TIPO	VOLUME (R$)	PART. (%) (A)	PART.(%) ACUMULADA
PETROBRAS	PN EB	182.903.495.089	15,25	15,25
VALE R DOCE	PNA EDJ N1	141.292.278.338	11,78	27,04
BRADESCO	PN EDB N1	38.711.453.960	3,23	30,27
VALE R DOCE	ON EDJ N1	37.090.460.985	3,09	33,36
USIMINAS	PNA EB N1	36.355.830.433	3,03	36,39
PETROBRAS	ON EB	33.545.920.925	2,8	39,19
ITAUBANCO	PN ED N1	30.310.028.523	2,53	41,72
SID NACIONAL	ON EDJ	29.123.310.322	2,43	44,14
GERDAU	PN N1	21.776.828.509	1,82	45,96
BRASIL	ON NM	21.347.467.582	1,78	47,74
BOVESPA HLD	ON EDJ NM	19.873.290.774	1,66	49,4
ITAUSA	PN EBS N1	19.490.144.773	1,63	51,02
CESP	PNB N1	19.309.845.491	1,61	52,63
UNIBANCO	UNT N1	18.906.604.219	1,58	54,21
CEMIG	PN EDB N1	15.484.579.188	1,29	55,5
TELEMAR	PN ED	15.377.774.825	1,28	56,78
BRADESPAR	PN N1	15.023.869.382	1,25	58,04
REDECARD	ON NM	13.895.841.083	1,16	59,2
AMBEV	PN ES	13.224.008.542	1,1	60,3
NET	PN N2	13.159.146.594	1,1	61,4

Fonte: Bovespa.

Percebe-se que as 20 ações mais líquidas representam 61,40% dos negócios realizados nos últimos 12 meses encerrados em abril de 2008 na Bovespa.

A tabela a seguir, por sua vez, ilustra quais foram as 50 maiores valorizações de mercado, em 1 ano, entre maio de 2007 e abril de 2008:

Período de maio de 2007 a abril de 2008

AÇÃO	TIPO	LUCRATIVIDADE (%)	
		NOMINAL	EM US$
MINUPAR	ON	3.141,67	3.807,80
RECRUSUL	PN *	2.291,67	2.783,10
RECRUSUL	ON *	1.481,73	1.806,80
HOTÉIS OTHON	PN	1.233,33	1.507,30
CAMBUCI	PN	1.150,00	1.406,90
TECNOSOLO	PN	924,15	1.134,60
PARMALAT	ON	689,47	851,7
TELEBRÁS	PN *	520	647,4
CHIARELLI	PN	400	502,7
TRAFO	ON	369	465,4
MELPAPER	PN *	350	442,5
GAZOLA	PN *	323,33	410,3
RENAR	ON NM	313,79	398,8
ENCORPAR	PN	273,83	350,6
MAGNESITA AS	ON NM	259,82	333,8
D H B	PN	247,37	318,8
ENCORPAR	ON	239,66	309,5
TRORION	PN	233	301,4
TELEBRÁS	ON *	220	285,8
FERBASA	PN	203,34	265,7
FERBASA	ON	190,48	250,2
SID NACIONAL	ON	164,37	218,7
WETZEL S/A	ON	163,16	217,2
MENDES JR	PNA	160	213,4
MMX MINER	ON NM	158,78	212
CELUL IRANI	ON	158,08	211,1
MENDES JR	PNB	152,38	204,2
INEPAR	PN	151,18	202,8
RIOSULENSE	PN	150,07	201,5
PETROPAR	PN	149,3	200,5
EXCELSIOR	PN	140,36	189,8
HAGA S/A	PN *	136	184,5
MELHOR SP	ON	125,29	171,6
SUZANO PETR	PN N2	123,13	169
KARSTEN	PN *	120,65	166
MANGELS INDL	PN N1	116,87	161,4
FOSFERTIL	PN	115,87	160,2
IGUAÇU CAFÉ	PNA	115,15	159,4
TELEMAR N L	PNA	114,93	159,1
WETZEL S/A	PN	114,21	158,2

CEEE-GT	PN * MB	113,4	157,3
YARA BRASIL	PN	111,67	155,2
MET DUQUE	PN EDJ	111,6	155,1
VIGOR	PN N1	108,13	150,9
SONDOTÉCNICA	PNB	107,63	150,3
EUCATEX	PN	107,15	149,7
PETROBRAS	ON	101,95	143,4
BAHEMA	PN	101,06	142,4
MONT ARANHA	ON	100,47	141,7
BRASMOTOR	ON	98,23	139

Fonte: Bovespa.

Da primeira listagem, apenas a Companhia Siderúrgica Nacional e a Petrobras, ainda assim nas posições 22 e 47, respectivamente, estiveram entre as ações mais valorizadas.

Agora vem a pergunta: O que você prefere: liquidez ou rentabilidade?

Mas, calma! Não se deve sair comprando as ações citadas apenas porque foram as que tiveram em 12 meses a maior valorização. Neste livro, você aprenderá a verificar se há algum fundamento para essas expressivas valorizações ou se é um evento com grande probabilidade de ser meramente especulativo. O ativo que encabeçou a lista de maiores valorizações é estudado no último capítulo, com os fatos que motivaram tamanho aumento do valor de mercado.

É compreensível que os agentes do mercado acionário, via de regra, interessem-se pela análise apenas das maiores empresas, de maior liquidez, uma vez que o ganho deles é proporcional ao volume negociado, e não à valorização dos investimentos de seus clientes. Até em razão disso, de nada adiantaria custearem análises de papéis cujos negócios são reduzidos e sem perspectivas de retorno em termos de taxas de corretagem.

Você, então, terá grande vantagem caso aprenda a analisar opções de investimentos e fugir dos ativos muito acompanhados, atualmente na moda. O excesso de analistas cobrindo os mesmos papéis diminui sua possibilidade de descobrir jóias escondidas, a preços que ainda não representam esse potencial. Quando uma empresa tem ampla cobertura e são alardeados eventuais ativos escondidos nos balanços, muitos dos quais detectáveis apenas nas notas explicativas de seus demonstrativos financeiros, um maior número de pessoas toma a decisão de comprar as ações em razão dessas informações, o que gera aumento de preços. Em uma *small cap* desprezada, o mercado, por muitas vezes, ignora essas situações por um bom tempo, revelando um campo fértil para exploração de oportunidades.

Assim, a ausência de cobertura dos papéis de *small caps* no mercado acionário, o que é flagrante, não deve lhe causar preocupações, pelo contrário, está aí a grande vantagem do investidor individual, cujo maior interesse é a valorização de seu capital. É claro, essa ausência de cobertura aumenta a sensação de insegurança, dadas as maiores incertezas que podem rondar a decisão, mas há formas muito eficientes de análise que podem minimizar seus riscos, além de estratégias de investimento que serão abordadas neste livro.

Ademais, considere todas as análises como importantes fontes de consulta. Muitas são feitas por profissionais de renome, de alta respeitabilidade e competência, mas jamais as siga cegamente, pois ninguém mais do que você tem interesse em seu sucesso financeiro. Tenha também ações de empresas *blue chips* quando elas estiverem atrativas para investimento. O problema é que muita gente escuta e acredita que se deve ter apenas ativos populares, de alta liquidez, e fugir a qualquer custo das *small caps*, como se estas representassem o grande perigo do investimento e aquelas o caminho da segurança e da tranqüilidade. Não é nada disso! Um portfolio mesclado com *small caps* guarda um grande potencial de valorização que pode lhe render muitas alegrias, o que você poderá visualizar nos exemplos deste livro e no último capítulo.

1.6. O mercado não é eficiente

Diariamente é realizada uma série de transações na bolsa de valores, e em todas elas cada um dos investidores envolvidos acredita piamente estar fazendo um bom negócio. Quem compra certamente baseia-se em uma análise de terceiros ou própria sobre o valor do papel e conclui que o preço sugerido revela um bom momento para se posicionar em determinada ação. Nessa mesma operação, quem está vendendo atua na direção contrária, ou seja, considera que aquele idêntico preço sinaliza uma boa oportunidade para fazer a operação de venda, portanto, um mesmo valor tem os mais diversos significados para os investidores.

Isso demonstra claramente que não há consenso no mercado sobre o significado das informações disponíveis, ao mesmo tempo em que revela que cada investidor opera conforme métodos diferentes, do contrário não haveria negócios, já que todos teriam a mesma opinião, no mesmo instante, ora resultando em excesso de compradores sem ninguém para vender, ora ocorrendo concentração de vendedores, sem um único interessado na compra.

Felizmente não é assim. Aliás, é essencial para o êxito do investimento em valor, aquele derivado do estudo dos fundamentos das empresas, especialmente em *small caps*, que muitos sigam outras escolas para formação de decisões sobre o mercado. É com base nessa diversidade que surgem muitas oportunidades desprezadas; aliás, se você quiser garimpar ações rejeitadas ou desconhecidas, é até bom que o mercado continue acreditando nos mesmos preceitos que hoje regem seus determinantes do preço.

Já houve teses no intuito de atribuir ao mercado um grau de eficiência tal que todas as informações seriam imediatamente precificadas tão logo disponibilizadas, ou seja, o preço das ações corresponderia à atribuição perfeita de todos os fatores e incertezas que rondam a empresa. Para quem acreditasse nessa eficiência, então bastaria seguir os índices do mercado para ter um bom desempenho, não havendo qualquer utilidade em empreender busca por empresas com melhor potencial de ganhos. Mas a realidade mostra-se extremamente diferente. É impressionante a capacidade que o mercado tem de se tornar excessivamente otimista com relação a alguns setores e pessimista com outros. Em alguns momentos, tem-se a impressão de que toda a economia tradicional sucumbirá em prol de um novo setor, demolindo todos os pilares sobre os quais se sustenta o resto da economia e se tornando o único a sobreviver na nova era. Há muitos que acreditam nesse fenômeno, cujas infundadas expectativas acabam originando as inúmeras bolhas de mercado.

É impossível não citar o caso da bolha das ações de tecnologia transacionadas na bolsa Nasdaq, dos Estados Unidos. Naquele período, todos os meios de comunicação, analistas, enfim, os atuantes do mercado acionário diziam: "Compre ações do setor de tecnologia, você não pode ficar fora disso." Mês a mês, a cada nova empresa lançada, as ações subiam, subiam... O céu parecia ser o limite. Quem estava fora da onda era considerado ultrapassado. Quem acreditasse nas tradicionais empresas negociadas no Down Jones, também dos Estados Unidos, estava "jogando dinheiro fora". Até mesmo Warren Buffett era satirizado por estar "perdendo a onda".

Porém, a história veio cobrar a conta da festa eufórica. Muitas empresas tornaram-se verdadeiros micos, negociadas, quando muito, a menos de 10% do valor que haviam atingido. Quedas sobre quedas sucederam a volta à realidade, e os setores considerados "antiquados" pela nova genialidade dos analistas do mercado de ações continuavam lá, sólidos, apresentando bons resultados e evitando o prejuízo daqueles que não participaram de uma das maiores provas da ineficiência do mercado acionário. A história, com certeza, futuramente registrará diversos outros episódios como esse, daí a importância de se reforçar o conhecimento para saber o que está comprando ou, então, corre-se o risco de comprar um sonho e acordar no meio de um pesadelo.

Assim, ao contrário daqueles que defendem a existência do mercado eficiente, segundo o qual os preços dos ativos já refletem todas as informações disponíveis, o que há, na verdade, é um mar de oportunidades derivadas da ineficiência de boa parte dos investidores. John Allen Paulos (2004, p. 68) ilustra com bastante propriedade essa ineficiência do mercado, ao contar a piada da nota de U$1 largada no chão e que ninguém se interessa em juntar, pois, se fosse verdade, segundo a lógica do mercado eficiente, já teria sido juntada. Os preços das ações não representam sempre, nem da forma mais adequada, todos os resultados e perspectivas de determinada empresa. Aliás, os preços na verdade apenas refletem as forças do momento de compra e de venda, conforme a escola de atuação do investidor.

Porém, não há nada que dure para sempre, nem empresa excessivamente cara que permaneça perpetuamente sobrevalorizada, nem empresa eternamente barata. Cada bolha que estoura demonstra a validade das boas escolhas e a você cabe evitar ser o último a chegar à festa para pagar a conta. Busque ser o primeiro a comprar, antes que a festa se inicie, e o último a sair, antes que o desespero comece.

O mercado não atua atribuindo a todo instante o preço justo a determinado ativo. Ele não tem sequer condições de verificar a possibilidade de uma empresa continuar obtendo bons resultados, o que, portanto, fica sem precificação. Da mesma forma, não consegue enxergar quando um crescimento chegou ao final de seu ciclo, e continua precificando a falsa idéia de que ele continuará crescendo indefinidamente.

O conteúdo deste livro, então, trará formas de análise e processamento de informações que podem ser realizadas com o intuito de aproveitar a ineficiência do mercado na definição dos preços das ações. Isso evitará que você entre em uma bolha especulativa, ou, se entrar, ao menos saberá do risco que está correndo e estará mais preparado para encontrar o momento de saída. Ao mesmo tempo, lhe apresentará ferramentas indispensáveis para localizar e investigar as diversas oportunidades de bons investimentos que, não raro, estão diante de nossos próprios olhos.

1.7. Seguir gurus não lhe garantirá o sucesso

Algumas pessoas costumam espelhar-se em alguém em sua trajetória na bolsa. Realmente é muito interessante conhecer a história de sucesso de pessoas que conquistaram seus objetivos, observar seus comportamentos e os conhecimentos que adquiriram para atingir o objetivo.

É possível encurtar bastante o caminho do aprendizado e economizar muito dinheiro aprendendo com a experiência de outros que já passaram pelas situações que temos de enfrentar. Muitas decisões que deram errado no passado repetem-se, assim como várias oportunidades surgem novamente, uma vez que o mercado tem um comportamento cíclico. Assim, conhecer a história do investimento na bolsa subsidiará suas decisões. Quem sabe como o mercado se comporta, por exemplo, diante de uma crise decorrente do choque de preços de commodities, como o petróleo, identificará com maior facilidade os ativos que apresentam melhor desempenho nesse cenário. Isso também resulta em maior segurança para identificação do momento em que pode ser interessante começar a investir em determinados setores.

No entanto, muito embora esse estudo sirva como importante fonte de informações, cada realidade tem suas peculiaridades, e seguir cegamente o que alguém disse no passado sem considerar o que acontece hoje é extremamente perigoso.

A primeira coisa que o investidor qualificado deve considerar é que empresas de consenso costumam ter cotações excessivas, ainda que sejam excelentes. Como disse Warren Buffett (Buffett & Clark, 2007, p. 29), o investidor de sucesso deve aprender a pensar isoladamente, sem procurar a afirmação de suas idéias em outras pessoas. Isso é fundamental, na medida em que a pessoa mais interessada em seu sucesso financeiro, com certeza, é você mesmo! Sempre que se verifica uma opinião de um terceiro, há possibilidade de conflito de interesses. De repente, uma recomendação de compra de determinado ativo apenas significa que quem o recomenda queira se desfazer do papel, revelando, na realidade, uma oportunidade de venda. Para isso, basta verificar as grandes recomendações de compra de papéis de construtoras na época de seus lançamentos. Muitas delas, com ofertas públicas iniciais lançadas em 2007, em junho de 2008 estavam custando menos de 50% do preço inicial. O pior é que depois dessa queda toda, algumas deixaram de ser extremamente "recomendadas", ainda que tenham cumprido boa parte dos resultados prometidos. Agora, o que você considera melhor: Comprar uma promessa ao dobro do preço ou um ativo que apresentou parte dos resultados prometidos pela metade do preço? Muita gente não entende isso no mercado e você pode se tornar refém deles se não souber fazer as próprias análises.

A ninguém é dado o poder de prever o futuro. É comum encontrar alguém se vangloriando de uma previsão bem-sucedida. O problema é que o mercado esquece as inúmeras previsões não confirmadas.

Um guru pode surgir do nada, quando um novo fato ocorre. Quem não se recorda das inúmeras previsões catastróficas ou benéficas de fatos da vida, como acidentes envolvendo grandes personalidades, eventos da natureza, descobertas de curas de doenças ou outros acontecimentos marcantes, em que sempre surge alguém para dizer que previu aquilo? Nesse momento, todas as atenções estão focadas nessa nova personalidade dotada de poderes sobrenaturais. A partir de então, todo ano, a imprensa corre para entrevistar o indivíduo, a fim de que possa revelar os futuros eventos. Assim, podem passar vários anos sem que os fatos previstos se confirmem e, aos poucos, o guru dos fatos imprevisíveis vai perdendo espaço e quem acreditava nele pode perder essa confiança. Aliás, vale até a comparação com o relógio, que, parado, acerta duas vezes o horário durante as 24 horas.

Felizmente, acreditar nessas previsões dos gurus dos eventos imprevisíveis não faz você perder dinheiro. No mercado acionário, no entanto, pode ser bem diferente. Se você acreditar em uma catástrofe prevista pelos grandes gurus do meio acionário, pode perder ou deixar de ganhar muito dinheiro. A bolsa está em alta desde 2002, mas pelo menos desde 2004 tem sempre alguém dizendo que a grande queda está por vir. Imagine se você estivesse de fora ou vendido esse tempo todo. Haja dinheiro para cobrir o prejuízo de quem está vendido esperando pela queda ou imagine o capital que deixou de acumular com as últimas altas. É óbvio que um dia a queda chegará e lá estará o indivíduo dizendo: eu já sabia! Eu sou um gênio!

Alexandre Elder (2004, p. 23-4) lembrou da badalação que os gurus alcançam, ressaltando que "tornaram-se ativos no negócio de previsões vários anos antes de alcançar o estrelato" e tinham inicialmente poucos seguidores. No entanto, as previsões posteriores não confirmadas transformavam a "adulação" em "ódio coletivo", portanto, muito cuidado. Aprenda a fazer suas análises das ações que de fato estão baratas. Tier (2005, p. 108), inclusive, sobre os padrões gráficos, considera que todas as teorias cíclicas "têm uma coisa em comum: uma visão turva e uma percepção tardia de 20/20".

Até vale uma pergunta: Quantos desses estudiosos de ciclos apareceram entre os homens mais ricos do mundo? Afinal, se é fácil, regular e óbvio o comportamento do mercado, por que não ficaram milionários? A verdade é que poucos investidores ficaram ricos seguindo esses padrões, embora o número de seguidores pareça ser muito superior ao da análise fundamentalista.

O problema de seguir os gurus fica ainda mais evidente quando se considera que os investidores comuns do mercado acionário certamente utilizarão informações de segunda mão, já filtradas por quem as forneceu, conforme o enfoque que queiram dar a determinada empresa. Se você quiser ser um investidor qualificado, deverá aprender a buscar a informação diretamente na fonte, aliás, providencial o pensamento de que "os prognósticos costumam dizer mais sobre quem os faz do que sobre o que é prognosticado" (Buffett & Clark, 2007, p. 77).

Elder (2004, p.26) trouxe comentários sobre as pessoas que vendiam os cursos de Gann e seu software, dizendo que ele foi um grande operador do mercado, deixando uma fortuna superior a US$50 milhões. Ele, então, entrevistou seu filho, W.D. Gann, o qual disse que seu pai não conseguia sustentar a família com suas operações e que seus ganhos vinham dos livros e cursos que vendia. O espólio, na realidade, limitou-se a US$100.000, nele incluída sua casa. "A lenda de W.D. Gann, o gigante dos investimentos em renda variável, foi perpetuada por aqueles que vendem cursos e toda uma parafernália de penduricalhos a clientes otários." (p. 26).

Portanto, é essencial que você saiba que sempre haverá gurus para seguir, mas para se tornar um investidor de destaque, bem-sucedido, você deve fazer as próprias análises, como fizeram os homens mais ricos do Brasil e do mundo.

1.8. Por que escolher *small caps*?

O mercado acionário possui grande quantidade de opções de investimento. Por alguma razão que o bom senso e a lógica ignoram, quase todos os analistas do mercado acionário permanecem analisando sempre as mesmas 60 empresas, quando muito. Interessam-se, em sua grande maioria, apenas por empresas com grande liquidez e alto valor de mercado.

Porém, você pode ser um daqueles investidores que acha que os 85% de mercado (cerca de 340 empresas de 400 existentes) que são desprezados podem guardar oportunidades maiores do que aqueles 15% que possuem mais analistas por metro quadrado do que oportunidades disponíveis. Aliás, se achar nos demais 15% de mercado uma excelente oportunidade, você acredita que terá sido rápido o suficiente para comprar ações da empresa antes que todo o mercado saiba?

Garimpar pelas *small caps* é como a busca de grandes tesouros a serem descobertos, de empresas que poderão no futuro ditar o rumo do mercado. Isso porque, assim como muitas empresas que eram *blue chips* no passado deixaram de sê-lo atualmente, outras empresas que eram *small caps* hoje são *blue chips*. Logo, o mercado é dinâmico, e entender isso é fundamental para acompanhar as possibilidades futuras de valorização de ativos. Os setores de maior destaque também mudam. Por que então esperar até virar uma grande empresa se você pode comprar por menos de 10% do preço que custará quando isso acontecer?

O que eram as siderúrgicas há 10 anos? O que representavam, em termos de lucratividade, empresas que extraíam minerais, como a Vale do Rio Doce, ou petróleo, como a Petrobras? Quem foi capaz de estabelecer os preços atuais que essas commodities atingiram recentemente?

Não é necessário ir muito longe. Veja o ocorrido na cadeia produtiva dos veículos no Brasil, que de excesso de capacidade ociosa passou a experimentar gargalos na produção em face da nova realidade de mercado, levando diversas empresas desse setor a anunciar planos de expansão de seus investimentos. Também em outros setores, empresas que pareciam sucumbir voltaram ao mercado e com bons projetos de crescimento, como foi o caso de Minupar Participações S.A. e da DHB Indústria e Comércio S.A.

Com esse mesmo pensamento, é possível imaginar que daqui a 10, 20 anos, os grandes setores de destaque sejam hoje segmentos que estão passando por sérias dificuldades e segmentos da economia em pleno vigor podem vir a enfrentar excesso de oferta de seus produtos, diminuindo seus preços e margens de lucro. Essa é a dinâmica do mercado. Quando um produto ou serviço passa a ser muito desejado e com preços em alta, a atração de elevados investimentos aumenta a oferta, o que pressionará as margens de lucro futuras de setores que hoje reinam em lucratividade. É claro que várias situações não mudam no curto prazo, como o problema da escassez do petróleo. Mas quem garante que não haverá substituição gradativa desse insumo, ocasionando excesso de oferta?

O certo é que não há certezas absolutas e as verdades alteram-se constantemente no mundo dos negócios a uma velocidade que a globalização e a facilidade de obter informações intensificou extraordinariamente, portanto, a maré pode mudar, como se fosse um pêndulo. Nas altas, há tendência de diminuírem os descontos excessivos das ações desprezadas, o que lhes permite ao menos serem negociadas pelo preço justo.

Essa alternância de oportunidades reforça a importância do investidor também atentar quanto aos diferentes momentos pelos quais passa o mercado. Quem foca apenas ativos *blue chips*, como a grande massa de investidores que não possuem informações sobre as demais opções do mercado, e também não demonstra nem interesse em procurar por novas e melhores oportunidades, acomodando-se em seguir dicas requentadas, pode perder anos maravilhosos em que as *small caps* apresentam desempenho expressivo. Por outro lado, quem foca apenas nessas últimas também pode perder a oportunidade de posicionar-se em *blue chips* quando mais baratas. Aproveite-se, então, do efeito do pêndulo e não lute contra ele. *Small caps* também ficam caras, o que também é ótimo, ante a oportunidade de venda que isso representa.

A lista das maiores altas de todos os anos no mercado acionário é sempre repleta de *small caps* desconhecidas, pelos mais variados motivos, até mesmo por uma conclusão matemática, afinal, se a maioria esmagadora do mercado acionário é composta por *small caps*, é grande a possibilidade de que seja justamente entre essas empresas que venham a emergir aquelas que despontam com valorizações significativas.

Descobrir essas empresas antes que as altas chamem a atenção do resto do mercado é o grande resultado que o garimpo de *small caps* pode lhe trazer. Seu conhecimento na análise de empresas permitirá distinguir se há boas razões para as altas de determinadas *small caps*, que, assim como no mercado de *blue chips*, também sofrem a ação de atuantes no mercado com perfil especulativo.

Uma grande idéia, implementada em uma empresa de baixa capitalização de mercado, pode resultar em um produto que a impacta bastante, com novos negócios e força suficiente para multiplicar seu tamanho. Em uma empresa grande e já consolidada, excelentes projetos/idéias possuem valor semelhante, mas a dimensão com que impactam o resultado desta está longe do que ocorre com as empresas menores.

Muitos negócios e fatos relevantes divulgados por pequenas empresas possibilitarão um desempenho futuro fantástico ou a recuperação daquelas que se encontram em situações patrimoniais delicadas.

Uma característica fundamental que possibilita ao pequeno investidor pesquisar por *small caps* e também aos fundos de investimentos menores especializados nesse nicho do mercado acionário é o tamanho da posição que precisam adquirir para sentirem algum efeito em seu patrimônio. Por exemplo: se a empresa é pequena e possui pouca liquidez, os grandes recursos disponíveis dos maiores fundos de investimento em ações, geralmente de bancos de varejo, não motivariam a constituição de posicionamento tão diminuto, afinal, isso não seria representativo no retorno do fundo. Você, contudo, certamente não precisa investir R$1 milhão em cada empresa que localizar para que faça diferença em seu patrimônio. Talvez bastem alguns poucos reais para grandes resultados futuros. Além disso, você sabe o tempo que tem disponível para o investimento, ao contrário do gestor de um grande fundo, em que o dono do dinheiro, o cotista, pode a qualquer momento solicitar o resgate do capital, sendo fundamental, então, que o fundo esteja posicionado em ativos que permitam rápida saída, em razão da liquidez.

Muitas das empresas desprezadas possuem importantes projetos ou apresentam resultados ascendentes sem que as cotações reflitam isso. Ao aplicar a forma de seleção de ativos mencionada neste livro, é certo que você irá encontrar também ações de grandes empresas que se encaixam no perfil para um bom investimento. Essas oportunidades também devem ser aproveitadas para compor uma carteira equilibrada. O importante é conhecer quais são os fatores típicos que influenciam cada mercado para que a diversificação do risco seja eficiente.

Aliás, deveriam ser denominadas como ações de primeira linha aquelas que se referem às melhores empresas em termos de oportunidades e cenário futuro de valorização, independentemente do tamanho. Infelizmente, quem leva esse título, muitas vezes, são apenas grandes em tamanho e liquidez, ainda que possam ser medíocres em outros aspectos.

As empresas menores possuem outro importante atrativo: têm um longo caminho de crescimento que pode fazer com que se multipliquem diversas vezes o valor de mercado. Por exemplo, se uma empresa que detinha 1% de market share de determinado segmento passa a deter 2%, significa que a empresa cresceu algo próximo de 100%, além do crescimento do próprio setor. Uma empresa que possuía 50% de participação, caso alcance 51%, terá crescido em números absolutos a mesma quantidade, mas apenas 2% em termos relativos.

Escolher uma *small cap* promissora, bem administrada, inserida em um setor com boas perspectivas e com preço excelente, é como selecionar uma semente. Caso uma das escolhas seja certeira, aquela semente gerará uma árvore, e um conjunto de árvores resulta em uma floresta. Nessa hipótese, é possível que o capital inicial tenha se multiplicado por 20, 50 vezes, desde que, é claro, você acompanhe seu crescimento e saiba esperar todo o período para colher os frutos por inteiro.

É verdade que uma semente pode ter dificuldades superiores de apresentar resultados, diante de adversidades. Uma grande árvore, já devidamente constituída, possui menores possibilidades de sucumbir. No entanto, não é na segurança de empresas enormes que se baseiam as decisões de sucesso. Você não precisará que todas as suas sementes floresçam com vigor e gerem árvores frondosas. Se algumas de suas escolhas derem certo, elas compensarão os investimentos em sementes que não vingaram. Nem mesmo nas plantações são todas as sementes que germinam, o que não significa que haverá uma péssima colheita.

Em determinadas circunstâncias, escolher no início uma pequena empresa promissora a um preço razoável pode deixá-lo milionário, guardadas as proporções da dificuldade de acerto. Aliás, quem não se recorda de como começou o império da Microsoft, quando era uma minúscula companhia sem qualquer projeção?

Os altos crescimentos da lucratividade também são mais comuns de serem localizados entre as pequenas empresas. Como bem destacado por Zweig (Graham & Zweig, 2007, p. 210), empresas grandes possuem menor crescimento, uma vez que é muito mais fácil uma empresa que fatura US$1 bilhão vender o dobro do que uma companhia com US$50 bilhões em vendas encontrar mercado para faturar outros US$50 bilhões.

Mais adiante, esse autor, comentando sobre o professor de finanças Jeremy Sigel, da Wharton School of Business, cita que "quando a companhia se torna um gigante, seu crescimento precisa diminuir ou ela terminará comendo o mundo inteiro". Esse aspecto de crescimento possível futuro é mais um grande fundamento para a compra de *small caps*. Além disso, o Brasil tem um longo caminho de consolidação de diversos setores da economia, extensamente estratificados. Nesses setores, as menores empresas costumam ser alvo de empresas maiores. Quando isso acontece, geralmente há um prêmio em relação às cotações de mercado.

Foi o que aconteceu, por exemplo, com a Eleva Alimentos S.A., quando adquirida pela Perdigão S.A. O primeiro fato relevante indicando a possibilidade de fusão das operações foi enviado para a Bovespa ao término do pregão do dia 18 de outubro de 2007 (com efeito nas cotações do dia 19). Os termos da negociação foram publicados no dia 30 de outubro daquele ano. Observe as altas das cotações nos referidos dias no gráfico a seguir:

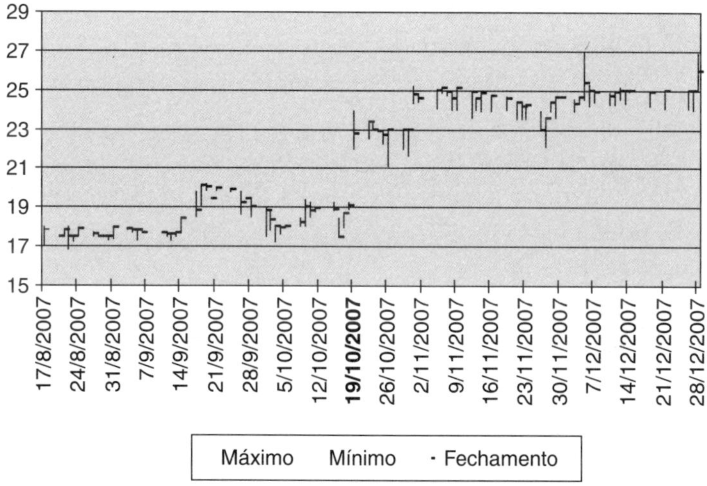

A rejeição de diversas empresas *small caps* por parte dos investidores, embora com preços bastante atraentes, deve se basear na mesma teoria que fundamentou a compra desenfreada do papel de empresas ponto.com nos

Estados Unidos, na bolha das ações de tecnologia. Na ponta das menores empresas, os investidores parecem considerar que todas elas sucumbirão a qualquer cenário mais complexo, enquanto na outra tudo será tecnologia e o crescimento será ilimitado, duradouro e sem qualquer dificuldade. O resultado dessas crenças custa muito caro a quem acredita nelas.

O retorno superior em diversos momentos do investimento em *small caps* é comprovado por diversas pesquisas. Conclusões do estudo trazido no livro de Robert A. Haugen (2000, p. 166) sobre a seleção de ações indicaram que uma carteira de ações de pequenas empresas rendeu 4,16% ao mês acima do rendimento da carteira composta por grandes empresas. Ficou evidenciado, ainda, que entre janeiro de 1993 e junho de 1998, as carteiras com "ações de valor de pequenas empresas e de baixa liquidez" ofereceram prêmio médio mensal de 8,34%.

Esses resultados destacam a enorme importância de se buscar empresas prósperas, independentemente do tamanho, ao contrário do que parece sugerir a quase total ausência de cobertura dessas opções de investimento. O estudo demonstra um retorno elasticamente superior. Veja o que isso significa em apenas 5 anos, comparando-se uma aplicação de R$10.000 a uma taxa de retorno de 2% ao mês e a mesma quantia com rendimento considerando o "prêmio mensal" encontrado no estudo de 8,34%, ou seja, de 10,34%. O montante final é mais de 100 vezes superior na melhor opção! Observe ainda como a diferença aumenta ao longo do tempo com a mágica dos rendimentos compostos.

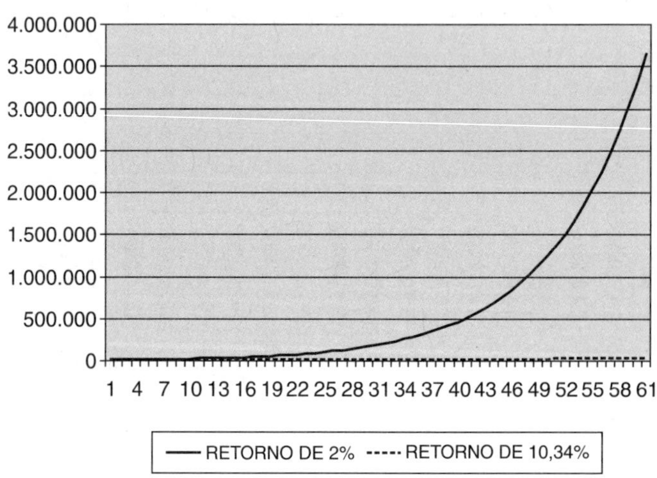

Um grande investidor que focou bastante a compra de diversas empresas *small caps* foi Peter Lynch, que buscava sempre pelas jóias escondidas e desprezadas. Seu retorno foi impressionante, deixando muita gente milionária com seu Fundo Fidelity Magellan. Ele preferia as empresas que podiam gerar grandes movimentos de crescimento, o que é mais difícil em relação às empresas maiores. Buscava, assim, por empresas que poderiam valorizar 10 vezes o montante inicial do investimento.

Sobre grandes empresas do mundo dos negócios, convém lembrar que até mesmo a Washington Post Company (Hagstrom, 2008, p. 84), que hoje fatura mais de US$3 bilhões anuais em venda, foi há 70 anos uma companhia que se concentrava apenas na publicação de um jornal.

Apesar disso, o fato de uma empresa ser *small cap* não significa necessariamente que é desprezada e que tem valor de mercado mais baixo do que o que seria justo. Muitas, ao contrário, também acabam entrando na moda. O investidor, então, deverá utilizar métodos de seleção, como os que serão trazidos nos próximos capítulos do livro, para identificar as melhores oportunidades.

Muitas das *small caps* valorizadas e bem recomendadas no meio acionário atual foram, há pouco tempo, as mesmas companhias excelentes, só que a um preço minúsculo. A melhor maneira de ganhar muito dinheiro na bolsa, então, é comprar excelentes empresas pequenas e ter paciência até que o mercado a descubra.

Um exemplo típico disso ocorreu com a Weg S.A., atualmente uma das *small caps* mais bem recomendadas pelos analistas de mercado. Mas o que ela era há sete anos? Uma empresa desprezada, cotada a menos de 10% do valor atual. Será que foram necessários mais de 1.000% de alta para ela passar a "valer" alguma coisa? Nada disso! A empresa já era boa na época em que valia uma fração de seu preço atual, só que aí "resolveram" descobri-la. Assim ocorrerá com diversas empresas que hoje estão subavaliadas, com múltiplos muito atrativos. Só serão recomendadas e percebidas pelo mercado depois que já tiverem se valorizado 1.000%, 2.000%. Agora, cercada de recomendações, é possível que as ações da Weg não se valorizem com a mesma rapidez anterior, pois seus múltiplos não são mais aqueles de uma companhia totalmente desprezada pelo mercado. A lição é muito clara: descubra antes e ganhe muito mais!

CAPÍTULO

2

Indicadores Fundamentalistas

2.1. O uso da avaliação relativa

A estimativa de valor das empresas com base nos indicadores da análise fundamentalista apresentados neste capítulo não é a única forma disponível para se chegar a conclusões adequadas de investimento.

Outras técnicas de avaliação utilizam-se de uma série de fatores de projeção, aumentando bastante a probabilidade de erros. A técnica mais utilizada é a do fluxo de capital descontado, por meio do qual são estabelecidas projeções de lucros futuros, conforme determinada taxa de crescimento, e uma taxa de desconto para estimar o fluxo dos lucros em valores presentes.

Essa forma de avaliação exige o conhecimento de matemática financeira para ser eficazmente aplicada, e qualquer ponto percentual divergente na análise do lucro futuro ou da taxa de desconto resultará em grande diferença no valor final.

A avaliação de investimentos não é uma ciência exata e o nível de acerto de suas decisões de investimento dependerá de sua capacidade de processar as informações disponíveis. O fato de o investidor, em um primeiro momento, não saber fazer todos os cálculos da técnica do fluxo de caixa descontado não significa que está em posição inferior de análise. Muitos são os profissionais que desenvolvem com precisão científica todos esses cálculos, mas não atingem bons resultados na bolsa. O fator primordial para obtenção de êxito nos investimentos diz respeito ao estabelecimento de premissas corretas para que os cálculos sejam realistas, e essas premissas podem ser estabelecidas conforme os indicadores aqui discutidos e sua relação com o crescimento futuro da empresa, além de outros dados que podem ser obtidos na análise de balanços a ser discutida no próximo capítulo.

Comprar uma ação sem observar os indicadores é como pagar por um carro sem saber o que se está comprando. O leitor provavelmente já teve ou ao menos terá a experiência de escolher qual carro comprar. O mais provável é que o consumidor conhecerá bem diferentes opções, fará test-drive, buscará informações em revistas, na internet, verificará os opcionais, constatará o consumo de combustível e os mais precavidos até mesmo consultarão o preço do seguro. Havendo preços semelhantes, o consumidor escolhe o veículo que para ele "vale mais", ou seja, fica com a sensação de ter feito um bom negócio em razão dos atributos individuais percebidos. A decisão se baseará no fator custo-benefício.

Na análise do mercado acionário, a avaliação que se faz do carro equipara-se à análise que deve ser feita em relação à empresa pesquisada – o que você escuta e lê até formar uma imagem mental acerca de seu futuro. Todo dia o mercado mostra um preço diferente para a ação alvo do estudo, assim como há um preço para cada veículo disponível para venda.

Os indicadores fundamentalistas são fáceis de calcular e menos suscetíveis a interferências de percepção ou de projeções fantasiosas que estão disponíveis no mercado para estabelecer a relação custo-benefício. Comparar os diversos indicadores entre si estabelecerá um início de estudo sobre qual empresa vale mais, considerando o preço atual de mercado.

A importância de você mesmo saber se um ativo está efetivamente barato, com o uso da avaliação relativa, ganha realce na medida em que as empresas costumam ter os preços justos estabelecidos por analistas alterados sempre que as cotações se aproximam ou se afastam deles. Seja na alta ou na queda, os preços-alvos sempre corresponderão a um percentual mágico que lhe permite considerar válido comprar ações da empresa analisada.

Como esses indicadores fundamentalistas podem ser padronizados e há ferramentas de busca na internet classificando-os conforme a posição relativa no indicador das empresas listadas na bolsa, esses rankings servem como um atalho de busca de empresas com valores mais depreciados. Mas fica um alerta: escolher uma empresa apenas com base nesses indicadores, sem ao menos ler seus relatórios e últimos balanços, verificando a tendência dos resultados, é o mesmo que comprar um carro sem nunca tê-lo visto, limitando-se apenas a estudar o manual técnico do fabricante.

Porém, muitos investidores não sabem como fazer essa análise. Aliás, observei certa vez candidatos a investidores reclamando que o preço de uma ação estava maior do que o de outra apenas considerando o valor de negociação. Quer dizer, o lote da ação X custava R$1.000. O lote da ação Y saía por R$2.000. Com base nisso, considerou-se que a ação Y fosse mais cara, quando, na realidade, o que se deve considerar para saber qual é a empresa com o maior valor de mercado é o número de ações multiplicado por sua cotação unitária, o que não tem qualquer relação com o valor do lote de negociação de um ativo. Em outras palavras, cada empresa tem um número diferenciado de ações e, por isso, o valor absoluto referente ao preço de um lote de ações isoladamente não significa nada.

Além do Preço/Lucro, Preço/Valor Patrimonial por Ação, Dividendo *Yield* e *Price Sales Ratio*, há outros indicadores de análise do desempenho da empresa que não guardam relação com o preço de mercado, como o retorno sobre o patrimônio líquido (ROE), a liquidez corrente, a relação dívida-patrimônio líquido, as margens bruta, operacional e líquida etc. Estes últimos são importantes para análise da saúde da empresa, constatáveis no estudo do balanço. A comparação dos balanços ao longo de anos estabelece tendências. Alguns profissionais baseiam sua análise apenas nessas informações e nas projeções de crescimento futuro, e isso também é um grande risco, uma vez que não basta que a empresa seja boa; o preço para aquisição deve ser atraente.

O risco de comprar sem considerar a relação com o preço é a formação de bolhas, quando as cotações das empresas começam a subir sem razoabilidade. Como adverte Buffett & Clark (2007, p. 139), "para toda bolha existe um alfinete à espreita, e, quando os dois, enfim, se encontram, uma nova onda de investidores aprende algumas lições bem antigas".

O uso e os principais indicadores da avaliação relativa permitem a classificação das empresas como sendo de crescimento, de valor ou em situações especiais, objeto de capítulo específico. Benjamim Graham e David Dodd (Paulos, 2004, p. 110) no livro *Security Analysis*, de 1934, mencionavam a importância dos índices Preço/Lucro e Preço/Valor Patrimonial na escolha das ações.

O investidor tem que possuir a capacidade crítica de eliminar as empresas que ingressaram em suas seleções, mas que não possuem perspectivas de manter bons resultados. Essa seleção de ações é um processo constante. Sempre que novos recursos de suas economias forem dirigidos ao mercado acionário, a análise da melhor opção do momento deve ser considerada.

No Brasil, estudo específico do uso da avaliação relativa para seleção de ações, constante no livro de Haugen (2000, p. 174), revelou que "modelos simples, baseados apenas em índices tradicionais da análise fundamentalista, são capazes de distinguir carteiras vitoriosas de carteiras perdedoras".

A importância do uso desses indicadores ganha realce durante os períodos de tempestade ou de euforia do mercado. Eles podem ser comparados a uma bússola que indica ao investidor a decisão que deve tomar. Na euforia, uma rápida olhada nos indicadores e no crescimento que vem ocorrendo pode indicar que chegou o momento de vender, assim como, na tempestade, pode indicar que o risco de começar a comprar ficou diminuto.

Os cálculos dos indicadores são simples. Não exigem a resolução de equações difíceis com variáveis quase impossíveis de serem estimadas. A orientação fornecida pelos indicadores e a segurança propiciada na decisão de investimento são inversamente proporcionais ao trabalho que você terá para obtê-los, sempre lembrando que o investidor precavido observa, no balanço e nos relatórios da administração, como os resultados foram obtidos.

A importância de cada indicador é relativa ao tipo de empresa que se busca no mercado, e todos eles têm importância quando avaliados em conjunto. Nenhuma decisão deve ser tomada com base em apenas um indicador. A análise conjunta inspira maior probabilidade de êxito na decisão.

É nítida a preferência do mercado pelo indicador P/L, até com certa razão. No entanto, para algumas empresas, especialmente aquelas em situação especial, o P/L provavelmente estará péssimo. O uso de outros indicadores é que servirá de elemento de decisão para boas escolhas, conforme a probabilidade de retorno. Além disso, determinados setores têm indicadores parecidos.

Dessa forma, sempre que houver uma temporária aversão do mercado aos ativos de determinado segmento, caberá ao investidor verificar se há um mero desleixo do mercado em precificar corretamente todo um setor ou se, verdadeiramente, há uma justa causa para essas situações. Para firmar essas convicções, será essencial saber manusear adequadamente os indicadores fundamentalistas, a fim de que se possa extrair, da avaliação relativa, resultados mais certeiros sobre os desenvolvimentos das empresas, em particular, e do mercado, em geral.

2.2. Relação Preço-Lucro

O indicador mais utilizado para definir a atratividade de um investimento, sob a ótica fundamentalista, é a relação do preço da empresa com seu lucro líquido. Por ser um número relativo, representa um parâmetro geral mais adequado do que os valores absolutos para indicar o custo *versus* o benefício da aplicação e, assim, melhor subsidiar a decisão do investidor. Para obter o preço, basta verificar a quantidade total de ações que a empresa possui, considerando todos os tipos (ON, PN, PNA etc.), o que pode ser encontrado em pesquisa ao site da Bovespa: http://www.bovespa.com.br, menus "Empresas", "Para Investidores", "Empresas Listadas". Escolha a empresa e verifique a "composição do capital social". Depois, multiplique o número de ações pela cotação unitária da empresa pesquisada. Existindo mais de um tipo de ação, recomenda-se utilizar como base o preço da ação que o investidor pretende adquirir.

O lucro líquido também é obtido no mesmo site, nas demonstrações financeiras de cada empresa. O período-padrão utilizado no mercado se refere ao lucro que ocorre em um ano. Assim, será necessário ou observar o balanço anual ou, então, calcular parcialmente os lucros trimestrais para compor os últimos quatro trimestres.

Entre os indicadores a serem calculados para estabelecer o quão atrativa é a empresa, o P/L é o atalho mais utilizado e um dos mais eficientes, evitando a realização de cálculos e projeções complexos.

O indicador P/L, de maneira simplista, mede o tempo necessário, em anos, para que a empresa lucre o equivalente a seu valor de mercado atual. Tanto melhor será o P/L quanto menor seu valor. Assim, o P/L 10 de uma empresa, por exemplo, indica que, mantido o lucro líquido anual apurado, em 10 anos a soma de todos os lucros anuais será equivalente ao valor da empresa. É claro que isso não ocorre de forma exata, pois jamais se pode afirmar com certeza qual será o lucro futuro de qualquer empresa. Em cenários de economia crescente, é muito provável que os investimentos realizados no passado gerem lucros superiores, diminuindo positivamente a relação, caso a cotação da ação não suba. O contrário também é válido, uma vez que, em cenários recessivos, a chance de a empresa diminuir o lucro é incrementada.

Muitos são os sistemas disponíveis na internet que apresentam o indicador P/L já calculado, geralmente em relação aos últimos quatro trimestres. Adotar um deles diminui bastante o tempo de pesquisa.

Há outra forma de calcular o P/L. Diversos analistas financeiros fazem projeções dos resultados futuros das empresas, inclusive do lucro. Então, o P/L futuro é calculado considerando-se preço atual dividido pelo lucro anual projetado. Toda vez que um indicador sustenta-se em projeções, probabilidades e percepções individuais dos eventos futuros, aumenta sobremaneira a possibilidade de erros. Logo, o P/L futuro é uma possibilidade e o P/L passado é uma certeza do que já aconteceu. De forma conservadora, portanto, o uso do método que considera o P/L passado apresenta riscos menores para avaliação da atratividade da empresa.

Sobre o uso de previsões de lucro para calcular o indicador, David Dreman (Graham & Zweig, 2007, p. 412) concluiu que 59% das projeções de consenso erravam em, pelo menos, 15% para mais ou para menos, ou seja, um intervalo superior a 30% do lucro projetado. Em razão disso, chegou à conclusão de que investir apenas com base nessas previsões "é tão arriscado quanto se oferecer para segurar o alvo em um torneio de arco-e-flecha para cegos".

É essencial que o investidor saiba, além de calcular a relação aqui examinada, verificar a qualidade do lucro obtido, objeto do estudo no próximo capítulo. Sair cegamente comprando ações com o indicador atrativo, especialmente se inflados por resultados não operacionais, é tão arriscado quanto comprar empresas com P/Ls exorbitantes que parecem embutir nos preços cenários futuros inimagináveis.

Não existe um número estanque a ser considerado como P/L ideal para que uma empresa passe à condição de atraente para compra. Tudo depende da análise multimercado. Com efeito, quando as taxas de juros são maiores, os investidores costumam exigir indicadores fundamentalistas mais baratos. Por exemplo, quando há um juro real de 10% ao ano, não capitalizado, que remunera um título de renda fixa, significa que em 10 anos o investidor que comprou o título receberia o equivalente ao investimento de volta. Isso equivale a dizer que o P/L da aplicação utilizada no exemplo é igual a 10. É por isso que, quanto menores os juros reais, maiores serão os P/Ls encontrados no mercado acionário, pois os investidores passam a pagar mais pelas empresas na busca por rendimentos melhores e porque os juros servem como a taxa de desconto por investidores que utilizam o método do fluxo de caixa descontado para calcular o valor que consideram justo das ações.

No ano de 2001, quando o risco-país estava nas alturas, pouco antes da primeira eleição do presidente Luís Inácio Lula da Silva, as ações brasileiras tinham P/Ls substancialmente mais atrativos do que os mercados com risco-país muito inferior. Tratava-se de um verdadeiro mar de oportunidades para encontrar pepitas a preços irresistíveis. No ano de 2008, com o risco-país caindo para algo próximo de 10% do que foi em 2002, assistiu-se a exponencial valorização das ações na Bovespa. Seu principal índice, o Ibovespa, saltou de algo próximo a 9 mil, na mínima ocorrida em 2001, para mais de 70 mil pontos no segundo trimestre de 2008, revelando a íntima relação entre risco-país, juros reais e bolsa.

A relação preço-lucro embute também um prêmio em comparação à média do mercado para as empresas bem gerenciadas. O indicador, então, revela o que o mercado considera que pode ocorrer com o futuro da companhia. P/L alto pode significar que os investidores estão precificando cenário de crescimento de lucros. Ações com baixo P/L, ao contrário, podem indicar um cenário de queda na lucratividade futura.

Em uma primeira análise, portanto, pareceria melhor considerar que as empresas com maiores P/L indicam mais segurança de que são bem administradas. Mas o mercado erra muito ao precificar o futuro das empresas. Muitas vezes, ele é extremamente otimista em relação a determinado setor ou companhia específica. Em outras, é um maníaco depressivo, acreditando cegamente que determinada empresa irá quebrar em breve.

O problema das empresas com alta relação preço-lucro não decorre apenas da necessidade de continuarem bastante lucrativas, a fim de manter o equilíbrio daquele indicador. Também há outro fator a se considerar: quase tudo está devidamente precificado. Qualquer desvio mínimo do exponencial lucro futuro que é contemplado em uma relação preço-lucro atual gera queda vertiginosa nas ações. Parece, portanto, ser melhor carregar papéis que embutem a possibilidade de surpreender positivamente a ter papéis de empresas altamente propensas a decepcionar os acionistas por não conseguirem manter as taxas de crescimento que vários relatórios projetam.

Há diversos estudos indicando que empresas com baixo P/L apresentam desempenho acima da média do mercado, enquanto ações com P/L alto têm retornos inferiores. Como dito, é possível que as empresas com alto P/L realmente conquistem todo o grande lucro projetado, mas isso não resulta em aumento das cotações, pois o crescimento do lucro já foi antecipadamente precificado pelo mercado. O que eleva as cotações é justamente a apresentação de resultados superiores ao que o mercado imaginava ou, então, quando o cenário catastrófico de estagnação ou queda do lucro não se confirma com a intensidade imaginada.

Assim, é essencial considerar o P/L para saber se a ação que você pretende escolher ainda tem possibilidade de se valorizar sem que a relação se torne irreal, em números estratosféricos. Não ignore que o mercado costuma exagerar em suas estimativas de lucros positivos e também nas de lucros anormais negativos.

A maioria das empresas que serão encontradas com as menores relações P/L são *small caps*. Apesar de representarem maiores perigos em termos de dificuldades para enfrentar cenários adversos, essas empresas, caso se mostre correta a seleção de ações para seu portfolio, são aquelas que podem mais facilmente surpreender positivamente o mercado, dada a diminuta atenção que recebem dos analistas de ações.

Sobre a indiscutível importância de se analisar a vantagem de compor uma carteira com ações com relação preço-lucro baixa, convém repetir com todas as letras as conclusões de um estudo realizado no mercado norte-americano, que consta no livro de Damodaran (2006, p.5): "Nos últimos 70 anos, por exemplo, uma carteira de ações com baixos múltiplos PL teria superado outra com elevados múltiplos PL por uma diferença de mais de 7% ao ano."

Ou seja, o retorno é muito superior até ao que o mais otimista estudioso do indicador acredita. Caso o investidor opte por ações desconsiderando o indicador, um capital inicial de R$10.000 atingiria o montante de R$67.275, adotando como premissa um retorno anual composto de 10% e um prazo de 20 anos. A escolha com base nos melhores P/Ls, que resultam em um ganho adicional de 7% ao ano, alcançaria a quantia de R$231.055,99. A diferença superior a 240% entre os resultados finais certamente incentiva o uso do indicador como meio de seleção de empresas.

A superioridade de desempenho das ações com menor P/L (5, p. 17-8) manteve-se durante todo o período objeto do estudo sobre o mercado norte-americano, intensificando-se entre os anos de 1991 e 2001, quando a diferença de valorização das ações com melhores relações preço-lucro chegou a superar 12% anuais. Esse desempenho é recorrente ainda que os estudos dos retornos considerem eventuais riscos maiores das ações que compõem a base estatística.

Além da indiscutível vantagem de utilização do indicador, o estudo (Damodaran, 2006, p. 26) revelou que as cotações das empresas de baixo P/L oferecem também menor volatilidade que a média, embora algumas ações individualmente sejam mais voláteis.

Grandes investidores como Graham (Graham & Zweig, 2007, p. 412) utilizavam a relação preço-lucro em suas decisões de investimento. Segundo ele, uma razão P/L moderada deve limitar-se a 15 vezes a média do lucro dos últimos 3 anos. No mercado acionário brasileiro há diversas empresas que estão de acordo com esse nível de preço.

Durante os períodos mais longos de queda no mercado de ações, é possível montar uma carteira quando diversas empresas estão com P/L reduzido. Em 2001, durante o período eleitoral, era fácil encontrar boas empresas com esse indicador abaixo de 6. Em 2008 essas oportunidades escassearam, tornando-se necessário correr um pouco mais de riscos para assegurar os ganhos.

Utiliza-se, ainda, como mais um método de estudo, o cálculo de P/Ls médios do mercado. O P/L da bolsa brasileira como um todo, em 2008, tem variado entre 10 e 15. Além desse, é importante calcular o indicador com base em empresas do mesmo segmento econômico, a fim de estabelecer qual delas, em determinado momento, o mercado está desprezando e, portanto, apresentando melhores perspectivas de valorização, buscando alcançar o P/L médio do mercado ou, ao menos, do setor. Considerando o preço das ações no Brasil em junho de 2008, pode-se concluir que a maioria dos investidores está prevendo um ciclo de razoável crescimento econômico e juros mais civilizados, o que não acontecia em um passado recente.

Não se pode perder de vista, ainda, que a precificação das ações sofre forte influência das perspectivas de crescimento. Por essa razão, renomados investidores, como Motley Fool e Peter Lynch (Paulos, 2004, p. 108), utilizam o P/L dividido pelo crescimento esperado da empresa em termos percentuais. Esse novo indicador, o PLC, quando inferior a 0,5, sugere a possibilidade de comprar ações da empresa, ao passo que, acima de 1,5, sinaliza eventual venda.

Assim, por esse critério, uma empresa com P/L 15 e taxa de crescimento do lucro prevista de 30% ao ano pode ser considerada mais atrativa do que uma empresa com P/L 7 e crescimento projetado de 2%.

É claro que, sob esse prisma, deve-se levar em consideração a qualidade da análise da projeção do crescimento. É interessante verificar o nível de acerto dos cenários de empresas propostos anteriormente por autores de estudo divulgados ao mercado, bem como se a empresa apresenta sinais nos desempenhos passados de que pode chegar naqueles níveis previstos. Você não deve se espantar se descobrir, futuramente, que ambas as empresas do exemplo citado tiveram crescimento médio de 8%. Investidores mais conservadores, em razão disso, acabam preferindo o P/L muito mais baixo, ainda que as perspectivas de crescimento do lucro não sejam animadoras. Cada situação deve ser analisada individualmente, e não há ninguém melhor do que você para tirar as conclusões mais adequadas.

2.3. Relação Preço-Valor Patrimonial por Ação

A relação Preço-Valor Patrimonial por Ação é obtida pela divisão do valor de mercado da empresa por seu patrimônio líquido, ou, então, pela divisão do preço unitário da ação pelo valor patrimonial por ação. Geralmente é utilizado o patrimônio líquido que consta no último balanço publicado pela empresa, enquanto o preço por ação varia conforme as negociações no pregão da bolsa de valores. Quanto menor essa relação, melhor, pois significa que a empresa está mais barata.

Os investidores que seguem a lógica do P/VPA, segundo Damodaran (2006, p. 35), entendem que o mercado é menos eficiente ao precificar a ação do que o valor que consta na contabilidade. É claro que isso deve ser interpretado à luz dos demais indicadores de atratividade da empresa.

O valor patrimonial da empresa, *grosso modo*, significa que ela poderia ser liquidada, ao vender todos os seus ativos, pagar todas as dívidas e ainda sobraria o valor referente ao patrimônio líquido, ou seja, pode ser uma pechincha encontrar um ativo custando menos do que o valor patrimonial da respectiva empresa.

É claro que aqui cabe uma importante ressalva: o uso que é dado ao patrimônio líquido é fundamental, pois de nada adianta a empresa ter uma excelente relação Preço-Valor Patrimonial por Ação se o patrimônio não é utilizado de forma eficiente, resultando em boa rentabilidade na forma de lucros. O patrimônio é uma medida que varia aos poucos entre um balanço e outro, conforme os lucros líquidos – ou prejuízos - vão se acumulando. Empresas sólidas, com lucros consistentes, aumentam-no sistematicamente.

Nem sempre o patrimônio líquido da empresa será positivo. Há empresas que após sucessivos prejuízos acabam ficando com o patrimônio líquido negativo, ou seja, caso fossem liquidadas no momento em que o balanço foi efetuado, não seria possível sequer pagar todas as dívidas contraídas. É claro que os valores que constam no balanço patrimonial das empresas podem sofrer mutações positivas ao longo do tempo em que não são apontadas nessas demonstrações financeiras. Por exemplo, atualmente o terreno adquirido por uma empresa deve constar no balanço conforme o custo histórico, sem atualização monetária. Esse terreno pode estar valendo muito mais no mercado do que o valor contábil. O contrário também é válido. Assim, um equipamento utilizado pela empresa pode estar escriturado com um valor contábil completamente desatualizado e, caso fosse vendido, não atingiria sequer uma fração do referido valor.

Além dessa característica da contabilidade, o investidor deve verificar a composição do patrimônio, isto é, em que medida ele está adequadamente distribuído pelo lado do Ativo e do Passivo no balanço, de modo a permitir gerenciamento adequado da empresa. A companhia necessita de um mínimo de capital de giro para que o lucro da atividade operacional não seja completamente engolido pelas despesas financeiras.

Conforme bem colocado por Damodaran (2006, p. 39), uma das principais variáveis que determina a relação preço-valor patrimonial "é a diferença entre o retorno do patrimônio líquido de uma empresa e seu custo do patrimônio". As empresas com menor rentabilidade sobre o patrimônio, o que é conhecido por ROE na análise do balanço, tendem a possuir menor relação preço-valor patrimonial por ação. É uma resposta do mercado, que paga pouco pela empresa ante a ausência de bons lucros diante do patrimônio. Nesse caso, se não houver perspectiva de melhora, um P/VPA baixo não representaria uma boa opção de investimento, ao contrário do que se poderia supor da análise restrita dessa relação, tendo em vista os demais indicadores da empresa.

Ou seja, se a empresa possui patrimônio líquido de R$5 milhões e gera, com isso, um lucro médio de R$100.000 anuais (retorno de 2%), não há por que avaliá-la em R$5 milhões – salvo na hipótese de evidências de que esse baixo retorno é provisório, uma vez que esse capital, em uma aplicação conservadora que gere retorno de 8% ao ano além da inflação, produziria rendimentos em torno de R$400.000 anuais. É claro que a análise não pode ser tão simplista assim. Um retorno patrimonial momentaneamente baixo pode advir de opções por investimentos que, embora reduzam os lucros presentes, tende a elevar os patamares futuros de lucratividade, ou simplesmente a empresa pode vender parte desse patrimônio e efetivamente conseguir o valor que consta na contabilidade ou até mais.

O contrário também pode acontecer, uma vez que, quando o retorno sobre o patrimônio líquido de uma empresa é superior ao custo de capital, é natural atribuir à ação uma relação preço-valor patrimonial por ação superior, que nem por isso deixa de ser atrativa.

O trabalho na pesquisa do P/VPA, portanto, deve encontrar as disparidades entre esse indicador e o retorno sobre o patrimônio líquido. As melhores opções, então, são as empresas com baixo P/VPA e que apresentam saudáveis retornos patrimoniais, havendo indicativos de que os bons retornos prosseguirão no tempo. Nesse cenário, o investidor teria localizado uma boa oportunidade de baixo risco.

Podem ser eliminadas, por investidores mais avessos ao risco, e desde que os preços não estejam absurdamente baixos, empresas com retorno patrimonial insatisfatório e aquelas que possuem dívidas excessivas e caras. Especialmente quanto às empresas que vêm enfrentando prejuízos e não há indícios de que isso será alterado, de nada adiantará baixo P/VPA, pois a tendência é o patrimônio líquido ficar cada vez menor, levando o preço junto.

O investidor deve também verificar a possibilidade de passivos não contabilizados no balanço, como provisões para devedores duvidosos, os referentes a danos ambientais, dívidas tributárias não provisionadas e discutidas judicialmente, além de questões cíveis e trabalhistas, o que será estudado no próximo capítulo.

Estudo (Damodaran, 2006, p. 40) realizado nos Estados Unidos demonstrou que carteiras de ações compradas apenas com base nos indicadores de melhor relação preço-valor patrimonial por ação, entre 1927 e 2001, renderam pelo menos uma média de 3,48% anuais a mais do que as carteiras formadas com as empresas com os piores indicadores, com destaque para o período entre 1961 e 1990, em que a diferença foi de 7,57% anuais.

Damodaran (2006, p. 55) trouxe análise do uso do indicador P/VPA cumulativamente à rentabilidade patrimonial, por meio de tabela de retorno das empresas no índice S&P 500 selecionadas de duas formas: a) uma com base no quartil inferior das empresas com menores índices P/VPA, ao mesmo tempo em que estavam no quartil superior das empresas com maiores retornos patrimoniais; b) a segunda com base nos indicadores contrários, ou seja, os maiores P/VPA e os menores retornos patrimoniais. O resultado é que entre 1982 e 1991 o retorno anual das empresas do item "a" foi de 25,6%. As do item "b", de 10,61%, enquanto que o S&P 500 no mesmo período rendeu 17,49%.

Observe, a seguir, a importância de selecionar empresas segundo esse critério, comparando, em 10 anos, o retorno que o investidor teria em percentual do capital investido:

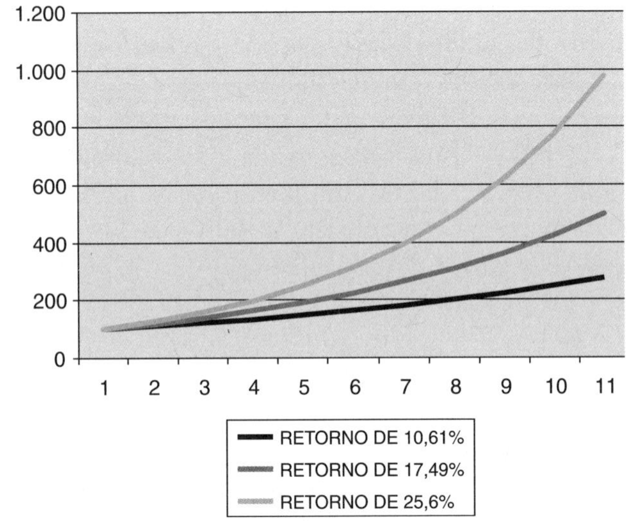

Isso reforça que o mercado exagera no otimismo ao precificar algumas empresas com elevados múltiplos P/VPA, ao mesmo tempo em que erra no pessimismo ao avaliar outras, atribuindo preços que indicam baixa relação. Vale a máxima de que as empresas podem mudar, assim como suas administrações e as condições para conseguir alterar seus resultados. Quando isso ocorre, a variação das cotações é maior para as empresas com indicadores da análise fundamentalista mais atrativos e pior para aquelas com excesso de otimismo embutido nos preços. Para isso, basta lembrar se alguém imaginou, há 10 anos, que os preços das commodities chegariam aos patamares que atingiram em 2008.

Fora dos Estados Unidos, inclusive em países emergentes, também há evidências de que ações que possuem baixo índice P/VPA apresentam desempenho melhor do que as ações que estão na situação inversa.

O múltiplo P/VPA deve ser analisado em relação ao mercado como um todo e especialmente no setor de atuação da empresa analisada. Cada ramo de atividade possui necessidades distintas de valor patrimonial para operar. Exemplificando, empresas do segmento de eletricidade precisarão de mais patrimônio para operar do que empresas de serviços de logística. Logo, pode haver boas razões para diferentes relações.

Há ainda empresas cujo valor dos ativos intangíveis chega a ser superior aos registrados no balanço patrimonial, como é o caso de uma marca valiosa, de uma administração marcada pela superação de desafios e resultados consistentes ou de empresas que não registram no ativo os gastos realizados em pesquisas e desenvolvimento de produtos.

Graham (Graham & Zweig, 2007, p. 412) também utilizava o P/VPA em suas análises de atratividade das ações. Segundo ele, a multiplicação entre o P/L e o P/VPA não poderia ser superior a 22,5 para justificar uma compra. Assim, se o P/L estiver no máximo que ele considera atrativo, que é 15, o P/VPA terá como limite superior 1,5. O método também acaba permitindo que empresas de elevado patrimônio líquido em relação a seu valor de mercado possam ser atrativas apesar de um P/L mais elevado, e vice-versa.

2.4. Relação Dividendo-Preço

A quantia que as empresas pagam a título de remuneração aos acionistas em relação ao preço das ações praticado no mercado é um importante critério a ser considerado na hora de analisar a atratividade de um investimento. Essa remuneração pode se dar por meio do pagamento de juros sobre o capital próprio ou de dividendos.

No caso de pagamento de juros sobre o capital próprio, o acionista recebe a remuneração com desconto de 15% a título de imposto de renda, salvo nos casos legais de isenção. A empresa tem a vantagem de abater esse valor na hora de pagar seus impostos, mas a distribuição dos juros é limitada à incidência da Taxa de Juros de Longo Prazo, a TJLP, sobre o capital próprio da empresa para realizar suas operações.

O dividendo, por sua vez, é isento de tributação para o acionista, mas representa um custo maior para a empresa porque é calculado sobre seu lucro líquido, distribuído apenas depois do pagamento de todas as suas despesas contábeis e sem a possibilidade de utilizá-lo como crédito fiscal. A legislação não estabelece o mesmo limite máximo de distribuição, como no caso dos juros sobre o capital próprio. No entanto, há uma remuneração mínima, a título de dividendos estabelecida por lei, de 25% do lucro líquido ajustado, sendo que o montante de juros sobre o capital próprio compõe esse valor.

Há empresas que estabelecem em seus próprios estatutos sociais diferentes quantias de dividendos mínimos a serem distribuídos, inclusive com a possibilidade de pagamento diferenciado conforme o tipo de ação. A regra anterior mais comum, antes da onda de melhora da governança corporativa que se pôde assistir no mercado acionário brasileiro, é que as ações preferenciais recebem 10% a mais de dividendos do que as ações ordinárias, certamente porque estas oportunizam o voto. Atualmente, algumas empresas possuem apenas ações ordinárias, como as listadas no Novo Mercado da Bovespa, caso em que não há qualquer diferenciação entre os acionistas no que concerne ao pagamento de dividendos. Há, ainda, outras empresas que, embora constituídas por mais de um tipo de ação, passaram a oferecer, em troca da mesma quantidade de dividendo para aquelas com direito a voto, direitos de *tag along* para os preferencialistas, ou seja, os detentores dessas ações recebem um percentual estabelecido do valor do negócio em caso de alienação do controle da empresa, o que pode chegar a 100%. Como não há regras fixas, o estudo deve ser realizado em documentos já compilados com essas informações e, especialmente, no Estatuto Social da empresa, disponibilizado pela Bovespa em seu endereço na internet.

A relação entre o dividendo anual e o preço da ação é calculada com base no total de remuneração distribuída no período de 12 meses aos acionistas, por ação, o que pode ser obtido em links específicos na Bovespa, dividindo-se esse valor pela última cotação. O dividendo – aqui também incluídos os juros sobre o capital próprio – pago anualmente, é também denominado *cash yield* ou *dividend yield*, daí a utilização, em vários trabalhos, da abreviação DY.

Muitos investidores consideram o DY o mais importante indicador de atratividade de investimento. Conforme Décio Bazin (2006, p. 87), que escreveu um livro defendendo com veemência a escolha de empresas que pagam bons dividendos, não se concebe no regime capitalista qualquer forma de aplicação, em renda fixa ou variável, que não produza renda.

As empresas possuem diferentes formas e periodicidades de pagamento dos dividendos. Para obter essas informações, há serviços de diversas corretoras que oferecem as datas prováveis de seu crédito aos acionistas, assim como do último dia em que se deve estar na titularidade da ação para ter o direito a receber o rendimento. O investidor deve estar ciente da grande omissão desse serviço em relação às *small caps*, que muitas vezes oferecem as melhores remunerações em relação ao preço.

Felizmente há consultas mais completas, como as de agendas independentes de dividendos disponíveis na internet, a exemplo da disponibilizada no endereço http://proventos.googlepages.com/home.htm. Não obstante, todas as distribuições são agrupadas no *Boletim Diário de Informações* publicado diariamente, durante o período noturno, no site da Bovespa. Informações específicas de determinada empresa também podem ser consultadas diretamente no referido endereço da internet. As distribuições de remuneração concentram-se nos finais de ano, quando muitas empresas pagam juros sobre capital próprio para se aproveitarem da diminuição dos impostos que devem recolher, e também nos períodos em que se realizam as assembléias anuais, normalmente ao final do mês de abril.

É muito interessante a comparação que Kiyosaki e Lechter (2004, p. 49) fazem em relação aos criadores de gado de corte e de leite com os investimentos que escolhemos. Enquanto o criador de gado de corte visa o ganho de capital, o criador de vaca leiteira foca a geração de caixa. Essa comparação vale também para o mercado acionário. A relação dos dividendos com o preço da ação é a maneira mais propícia para selecionar empresas com o intuito de geração de caixa imediato.

Uma vantagem para quem constitui uma carteira de ações com foco em dividendos é que a renda proveniente deles, com a seleção adequada e diversificada, tende a aumentar com o passar dos anos e com a evolução das empresas que os originam. Esse é o cenário ideal para quem quer fazer dos investimentos nesse tipo de ações uma complementação da renda. Em razão da possibilidade de aumento dos lucros empresariais, o recebimento de rendimento é também uma vantagem em relação à Previdência Social, no qual o benefício de quem não recebe o salário mínimo, quando muito, é reajustado pela inflação. Ademais, os herdeiros da carteira de investimento continuarão a recebê-los quando do falecimento do titular das ações. Nos Estados Unidos, há famosas histórias de viúvas que investem seu capital nas "vacas leiteiras" do mercado, complementando, assim, suas rendas.

A escolha de empresas que pagam bons rendimentos aos acionistas proporcionalmente ao preço no mercado acionário, portanto, é uma das alternativas de renda existentes para manter aplicações no mercado acionário e passar desde já a manter um fluxo de caixa para uso imediato. Deve-se orientar a escolha das ações, então, por esse indicador. Cabe a ressalva de que o dividendo depende do lucro recorrente da empresa. Logo, não há qualquer garantia de que o rendimento que uma empresa paga atualmente será o mínimo que ela pagará no futuro, até porque ele pode ser derivado de ganhos não recorrentes. O contrário também é válido. Empresas que hoje não pagam dividendos podem a vir a ser, no futuro, as melhores pagadoras de rendimentos da bolsa. Existe forte tendência da escolha das empresas que pagam os melhores dividendos recair sobre empresas do mesmo setor, o que não é muito adequado em termos de segurança. Isso porque há situações não gerenciáveis que afetam todas as empresas de determinado segmento, como foi o caso do "apagão" elétrico. Portanto, a formação da carteira de ações deve observar uma apropriada diversificação.

Há consenso no mercado de que as ações que pagam bons dividendos são menos voláteis e arriscadas, além de sofrerem menos com as quedas. São também as cotações de empresas que costumam subir menos na euforia. Isso tem uma razão lógica: se as empresas estão conseguindo pagar bons dividendos em relação ao preço atual de mercado, é porque não estão caras, mantendo uma relação atraente. Essa constatação fica mais evidente nas quedas que acontecem no mercado após altas substanciais, que levaram as cotações de algumas ações a patamares excessivamente dissociados do valor real da empresa que representam. Nesses momentos, muitos são os investidores que se refugiam nos papéis de empresas com excelente relação DY.

Bazin (2006, p. 84) considera que o pagamento mínimo de dividendo anualmente deve ser equivalente a 6% da cotação. Assim, o preço máximo que um investidor deve pagar pelas ações da empresa deveria ser igual a 100 vezes o dividendo anual por ação dividido por 6 ou, simplesmente, o resultado da multiplicação desse dividendo por 16,66. Caso os dividendos sejam referentes à menor periodicidade, como os distribuídos semestralmente, deve-se dividir 100 vezes o valor dos dividendos por 3, e não por 6. Ele orienta, então, que o investidor faça sua tabela com todos esses resultados, a fim de auxiliá-lo a encontrar os papéis mais atraentes, ao mesmo tempo em que deve acompanhar o desempenho dos resultados da empresa e se os dividendos são pagos com habitualidade.

Uma grande diferença de sentimento entre quem almeja ganho de capital e aqueles que buscam fluxo de caixa por meio dos dividendos ocorre nas oscilações das bolsas. O investidor focado nos dividendos não se importa tanto com a queda, uma vez que ela permitirá menor dispêndio de capital para adquirir determinado fluxo de caixa – o rendimento. Quem almeja o ganho de capital, ao contrário, sofre mais, pois o objetivo é a diferença de preço entre a compra e a venda das ações e não o regular recebimento de rendimentos.

A estratégia de escolha de ações com base no dividendo pago também sofre influência das taxas de retorno de investimentos disponíveis na análise multimercado. Assim, uma carteira composta por empresas que pagam bons dividendos terá a atratividade diminuída caso a taxa de juros suba, fazendo o retorno com os juros ser mais elevado. Em outras palavras, o aumento dos juros pode ser uma boa razão para que alguns investidores troquem o fluxo de capital gerado pelos dividendos pelo fluxo gerado com os juros da renda fixa. O contrário também é válido.

O investidor também deve estar atento ao *pay-out* da empresa, ou seja, se uma empresa distribui 100% de seus lucros, quer dizer que tem *pay-out* de 100%. Essa estratégia empresarial é muito interessante no curto prazo para o acionista, uma vez que melhora a relação DY, atraindo mais investidores para comprar ações e favorecendo o ganho de capital decorrente do aumento das cotações. Isso, no entanto, pode representar um risco, na medida em que essa estratégia pode não se sustentar por muito tempo, pois sem a reserva de recursos para realizar novos investimentos, o crescimento da empresa fica bastante prejudicado, comprometendo as expectativas de manutenção dos dividendos atuais ou de aumento futuro.

Assim, há debate no mercado sobre qual seria a melhor alternativa: a distribuição dos lucros ou o reinvestimento nas atividades. O pagamento de dividendos depende muito do grau de maturidade em que se encontra a empresa e a situação do setor. Empresas que podem crescer muito preferem utilizar os lucros para reinvestir na própria atividade, e o investidor fica com a possibilidade de maiores dividendos futuramente. O valor distribuído, então, deve também considerar os diferentes estágios de maturidade em que se encontram as empresas comparadas.

Atualmente, as maiores pagadoras de dividendos no país em relação aos preços e lucros obtidos estão no setor de energia elétrica, especialmente as distribuidoras, algumas companhias de telefonia fixa e a Souza Cruz. Há distribuidoras de energia elétrica que não têm intuito de expansão além de suas fronteiras de atuação e possuem grande possibilidade de financiar suas atividades com recursos de terceiros, como do BNDES. O consumo de cigarros não demonstra que terá acréscimo sustentável de demanda no longo prazo. A telefonia fixa, por sua vez, com a forte concorrência de outros meios de comunicação, como o da telefonia móvel, pode não ter mercado suficiente para ampliar suas operações. Logo, o melhor para essas empresas, sem dúvida, é a distribuição de dividendos e/ou juros sobre o capital próprio.

Já para as empresas que vislumbram forte aumento de demanda, pode ser uma boa opção reter agora o lucro, para que, ampliadas as receitas, dividendos superiores possam ser distribuídos no futuro. Isso foi, por exemplo, o que aconteceu na fase de investimentos de várias empresas de telefonia que pagavam dividendos bastante inferiores aos atuais.

É importante observar, no caso de empresas que retêm boa parte do lucro, qual é a rentabilidade patrimonial que obtém com suas atividades, o que será debatido no capítulo referente às empresas de crescimento.

Deve-se tomar muito cuidado com as empresas que divulgam dividendos motivados por fatores extraordinários, como vendas de participações em outras empresas ou ganhos em causas judiciais que envolviam matéria tributária. Cuidado especial também com aquelas que distribuem mais do que o lucro líquido anual, o que é insustentável. O mercado, ineficiente que é, nem sempre diferencia as causas da distribuição dos dividendos, colocando todas as companhias em uma mesma base de comparação. Essas confrontações geram uma pressão de compra em determinados ativos até o próximo anúncio de dividendos, decepcionando os investidores que não tiveram o cuidado de observar a sustentabilidade de distribuições anteriores.

Foi o que aconteceu no ano de 2001 com a Gradiente Eletrônica S.A., que havia vendido sua participação em telefonia, resultando em lucro extraordinário expressivo, determinante para a distribuição de aproximadamente 40% do preço por ação a título de dividendos. O problema é que depois desse negócio e do altíssimo dividendo distribuído em relação à cotação, a empresa não mais apresentou resultados consistentes e, na época do anúncio da nova remuneração, surgiu a grande oportunidade de vender no topo as ações da empresa. No gráfico a seguir, ajustado pelos dividendos distribuídos, pode-se observar como as cotações caíram após a distribuição dos dividendos no final de abril de 2001.

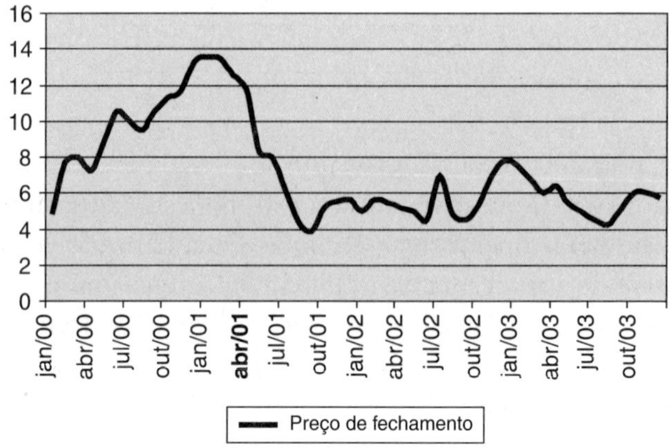

Em 2007 foi a vez da Whirlpool S.A., que distribuiu remuneração a título de dividendos extraordinários superior ao lucro líquido anual, provocando euforia em investidores desavisados, inclusive em fóruns de investimento. O total distribuído no dia 11 de abril de 2007 foi de R$0,38 por ação para um lucro por ação de R$0,23 no exercício de 2006. A quantia representava a expressiva soma de 18% da cotação da época do anúncio. A empresa utilizou, para compor esse valor, quantia referente à "Retenção de Lucros" oriunda de anos anteriores, o que por muitos não foi observado.

Quando do anúncio dos dividendos atípicos, o gráfico a seguir demonstra a reação do mercado. Voltando a distribuição de dividendos a patamares normais, as cotações voltaram a cair.

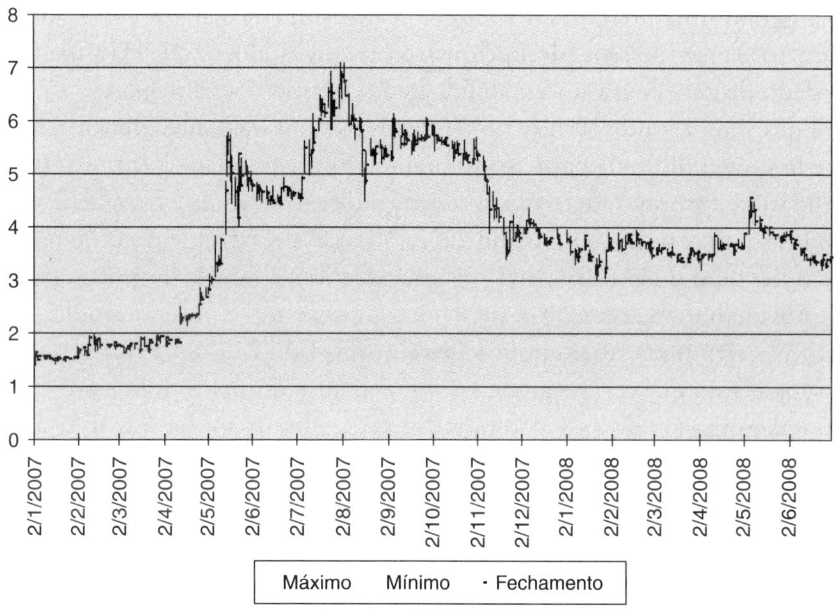

Deve-se, portanto, tomar muito cuidado com fatores não recorrentes no mercado acionário. Especialmente se a remuneração é distribuída em razão de um resultado não operacional, como a venda de um negócio lucrativo, ou se ela refere-se a um capital acumulado em anos anteriores.

Não obstante, tomadas essas cautelas, a formação de uma carteira de ações com foco em dividendos pode revelar uma boa estratégia para lhe assegurar remuneração periódica mais atrativa, aliada às outras opções abordadas neste livro.

2.5. Relação Preço-Faturamento

A relação entre o faturamento líquido da empresa e seu valor de mercado é um importante indicador de atratividade de investimentos. Para obter o faturamento líquido, acesse o site da Bovespa e procure pelo último balanço anual disponível da companhia pesquisada. Pode ser utilizado o último balanço trimestral, que oferecerá um resultado mais recente, mas, nesse caso, deve ser calculada a soma do faturamento líquido dos últimos quatro trimestres.

A divisão do valor de mercado da empresa pelo faturamento líquido de um período de 12 meses resulta no índice comumente denominado PSR, decorrente da expressão em inglês *price sales ratio*.

Deve-se diferenciar o faturamento bruto do faturamento líquido. O faturamento bruto diz respeito a toda e qualquer venda de bens e serviços realizada pela empresa, incluindo os impostos que incidem diretamente sobre a receita bruta e as deduções, como os descontos e as devoluções. O faturamento líquido, por sua vez, é o faturamento bruto deduzido dos valores antes referidos. Entre os impostos, incluem-se, por exemplo, o IPI, o ICMS e o ISS. As empresas que possuem alta carga tributária sobre vendas, como a indústria do cigarro e de bebidas alcoólicas e aquelas que concedem mais descontos comerciais ou recebem muitas devoluções de produtos, são as que possuem as maiores diferenças entre faturamento bruto e líquido. Essas deduções não podem ser confundidas com despesas.

Quanto menor a relação do faturamento líquido com o valor de mercado da empresa, melhor. Para que uma empresa gere lucros, o primeiro passo é vender, e, quanto mais faturar, mais diluído estarão seus custos, o que poderá até aumentar suas margens operacionais, ainda que adote uma política de redução de seus preços para aumentar o *market share*. O PSR não capta exatamente quão diluído está o faturamento em relação aos custos da empresa. O indicador faz a relação de quanto o investidor está pagando pelo faturamento da empresa, portanto trata-se de mais uma informação para distinguir quais as empresas que o mercado está temporariamente desprezando daquelas que entraram na fase de euforia irracional.

O investidor deve estar consciente de que baixo PSR em muitas circunstâncias está intimamente ligado a empresas com margens deprimidas ou com sérios problemas de endividamento. Aliás, esse é o indicador, juntamente com o Preço/Ebitda, mais utilizado para localização de empresas em situações especiais para analisar a possibilidade de investimento.

É fundamental observar o segmento de atuação da empresa, verificar as margens praticadas e comparar com as demais empresas do mesmo setor. Caso você localize duas empresas com mesma relação preço-lucro, o PSR é um indicativo interessante para que seja constatada qual delas possui as melhores margens operacionais. Se uma empresa possui P/L próximo de outra, mas um indicador PSR melhor, significa que suas margens operacionais podem estar temporariamente comprometidas.

Nesse cenário, caberá ao investidor decidir se investirá na empresa em que a melhora das margens, com redução de custos ou ampliação do faturamento sem novos custos, fará a lucratividade subir ou naquela que as margens já são ótimas, apostando que isso persistirá e a empresa crescerá ainda mais. Em certas circunstâncias, é melhor acreditar que uma gestão mais eficiente resultará em lucros melhores nas empresas com melhor PSR, ou seja, é mais provável uma empresa conseguir melhorar suas margens deprimidas do que uma companhia excelente se tornar ainda mais excepcional, até porque as pressões dos custos e a possibilidade de ampliar o faturamento são parecidas.

Assim, um PSR excessivamente baixo é bom para analisar empresas em situação temporariamente difícil e um PSR alto pode ser um indício de que as margens operacionais têm pouco espaço para evolução, e o crescimento do lucro pode passar a ser mais modesto. Vale lembrar que o lucro pode crescer tanto por meio do aumento do *market share*, quanto pela melhoria das margens operacionais.

Há consideráveis diferenças em relação ao PSR conforme a atividade empresarial. Uma grande varejista do setor de combustíveis, por exemplo, que trabalha com grande volume de faturamento e margem de lucro reduzida, certamente apresentará um PSR baixo, mas por um bom motivo, já que, para cada real faturado, algumas vezes o lucro será de apenas R$0,01, quando muito.

Uma empresa que, ao contrário, trabalhe com a locação de imóveis em que o faturamento típico é decorrente dos pagamentos dos aluguéis, certamente apresentará PSR bastante superior, uma vez que sua margem operacional é elevada, havendo poucos custos para realizar sua atividade. Há empresas neste segmento que, para cada real de faturamento, o resultado é mais de R$0,50 de lucro.

A grande utilidade do indicador ocorre na análise de empresas com atividades comparáveis. O economista James O' Shaugnessy (3, p. 110) considera que a relação do faturamento com o preço é um indicativo de retornos acima da média ainda mais poderoso que a relação preço-valor patrimonial por ação.

Um uso bastante adequado do indicador se dá nos mercados de alta contínua ou de altas exageradas em ativos específicos. É bastante comum, quando ocorre a virada nos resultados de uma empresa que vinha apresentando resultados fracos, com seguidos prejuízos, muitas vezes até com patrimônio líquido negativo, as cotações começarem a subir com força. São as típicas altas superiores a 2.000%. O mercado certamente já havia precificado como quase certo que ocorreria a falência da empresa.

Assim, a empresa que tinha PSR, por exemplo, de 0,05, pode ser comparada com empresas bem geridas e com bons resultados do mesmo segmento, que poderiam ter PSR 1. Logo, por esse indicador, realmente é possível que a cotação da empresa que esteja melhorando seus resultados valorize-se 20 vezes o valor inicial. No entanto, quanto mais sobe o preço da ação da companhia que está se recuperando, menos confortável fica comprá-la. Afinal, se o investidor tem a opção de selecionar uma empresa rentável, sem problemas financeiros, por que aceitaria pagar o mesmo PSR por uma empresa que está se recuperando, mas que tem toda uma série de passivos a honrar?

Felizmente, o mercado, por diversas vezes, parece desprezar a lógica e o bom senso, e são muitos os casos em que essas recuperações trazem disparidades inconcebíveis, quando empresas sólidas e rentáveis passam a custar, por esse critério, menos que empresas em recuperação. Esse é o típico efeito dos seguidores de preço, que entram no papel apenas porque a ação está subindo, mas não sabem precisar o que estão comprando e pagando, nem se deram ao trabalho de verificar no mercado se não há empresas com melhores indicadores pelo mesmo preço.

O PSR teria sido fundamental, também, para evitar que muitos investidores aceitassem os preços de algumas IPOs. Empresas anteriormente listadas em bolsa, de segmento assemelhado, custavam menos na relação preço-faturamento, mas o investidor, certamente por desconhecimento, não observou essa possibilidade. Talvez até pela dificuldade de agir com a razão diante de tanta propaganda chamando a todos para ingressar em determinadas ofertas públicas.

2.6. Relação Preço-Ebitda

Muitos estudos de indicadores fundamentalistas não chegam a considerar a relação preço-Ebitda para visualizar a atratividade de empresas, limitando-se aos tradicionais P/L, P/VPA e DY. No entanto, diversas empresas, por não apresentarem lucros, não têm uma relação preço-lucro atraente, mas possuem boas perspectivas futuras de obterem ótimos lucros e desde já são excelentes opções de investimento. Portanto, era necessário um indicador antecedente ao lucro líquido que pudesse servir para a busca de empresas que, embora estejam em uma situação que não permita a existência do lucro, seja em razão de dívidas, de resultados negativos extraordinários ou de excessivas depreciações, apresentavam um cenário de recuperação.

O Ebitda é uma sigla em inglês que significa *Earnings Before Interests, Taxes, Depreciation and Amortization*; traduzindo para o português, seria a sigla Lajida (lucro antes dos juros, impostos, depreciação e amortização). É o indicador mais utilizado para verificação dos resultados operacionais de uma empresa, sinalizando, com proximidade, guardadas as devidas proporções, o fluxo de caixa operacional. Isso porque, como o nome diz, o Ebitda é resultado do lucro operacional que ocorre antes da incidência dos juros, dos impostos, da depreciação, da amortização e das despesas financeiras.

Trata-se de uma medida que dá grande peso aos resultados operacionais, sendo especialmente útil para comparar empresas que utilizam diferentes formas de depreciação ou que estão em fases distintas de maturidade. A depreciação diz respeito ao desgaste natural dos bens que servem para operação de uma empresa. Por exemplo, um computador pode ficar obsoleto após cinco anos, sendo necessário realizar novos investimentos, decorrido esse prazo, com o desembolso de uma só vez do capital. Essa é, *grosso modo*, a finalidade da contabilização da depreciação. Ela não significa um desembolso imediato de caixa, mas serve como uma "provisão" futura de um gasto natural para continuidade das atividades empresariais.

A relação preço-Ebitda serve para identificar oportunidades de investimento entre empresas que possuem relevantes depreciações atuais dos bens que, como dito, não representam desembolso de caixa imediato. Serve também para verificar empresas que ainda não apresentam bons lucros em razão de excessivos passivos financeiros, mas que são boas alternativas de investimento se considerado o preço praticado no mercado em relação ao Ebitda, pois há perspectivas de as despesas financeiras diminuírem.

O Ebitda é mais simples de ser calculado do que a geração de caixa operacional, embora o resultado seja próximo, uma vez que dispensa a análise de prazos médios de pagamento e recebimento, capital de giro e o que mais interfere na geração de caixa. Em razão de sua peculiaridade de não considerar em seus cálculos os efeitos financeiros, o indicador serve para comparar empresas de mesmo segmento que utilizam diferentes formas de planejamento fiscal, além de identificar aquelas que, embora bastante endividadas, estejam se revelando mais eficientes do que outras em melhor situação financeira. É muito comum utilizar a evolução do Ebitda de um ano a outro para identificar a evolução de uma companhia ao longo do tempo.

O Ebitda não é o único indicador a ser considerado, nem mesmo adianta ter uma excelente relação preço-Ebitda se inexiste qualquer sinalização de que futuramente a empresa, de fato, apresentará o lucro líquido, este de fundamental importância para distribuição dos rendimentos aos acionistas e formação de reserva para novos investimentos. Esse indicador revela-se como mais um fator a ser considerado em uma boa decisão de investimento, especialmente para o longo prazo, uma vez que o resultado operacional é a base para o crescimento sustentado das empresas, pois se repete por extensos períodos em uma gestão eficiente. Por vezes, há resultados extraordinários, que acontecem em determinado ano e, de fato, são ótimos para a empresa e seus acionistas, mas jamais garantirão a perpetuidade de um negócio se não estiverem sustentados no que é mais elementar no capitalismo, que, como dito, são os lucros da atividade.

O grande problema que o investidor deve considerar na verificação do Ebitda é que este não computa a necessidade de se reinvestir na atividade, como em máquinas, equipamentos e instalações fabris, pois descarta em seu cálculo a quantia referente à depreciação. É difícil imaginar uma empresa continuar eficiente por um longo período sem os investimentos.

Além disso, há o risco associado de se considerar como boas opções empresas cuja situação patrimonial é muito delicada e que não tenham um horizonte que sinalize a possibilidade de quitação das despesas financeiras sem a necessidade de recorrer a sistemáticos aumentos do endividamento, o que, inclusive, pode resultar na falência de uma empresa com boa relação preço-Ebitda.

É mais ou menos como a diferença entre o superávit primário e o superávit nominal do governo em relação à dívida pública. Em países com excessiva dívida, o primeiro passo é gerar superávit primário, ou seja, maior receita que despesas na operação do governo, utilizando o excesso para quitar as despesas que foram superiores à receita no passado e até mesmo os investimentos. No médio prazo, haverá o superávit nominal, quando, mesmo considerando as despesas financeiras da dívida, é possível quitá-las integralmente com a economia da receita que superou as despesas. Nesse momento, a dívida diminui de forma rápida e a saúde de um país ou de uma empresa fica muito melhor.

A relação preço-Ebitda varia também no decorrer dos anos, conforme a atratividade de outras opções de investimento, o setor de atuação e a situação específica da empresa. Em períodos de juros mais elevados, a relação costuma diminuir, acompanhando o que ocorre com os demais indicadores fundamentalistas. O inverso acontece no cenário de juros baixos. Via de regra, essa relação é inferior a preço-lucro, salvo nos raros casos em que as receitas financeiras de uma companhia são elevadas ou em razão dos citados resultados extraordinários decorrentes, como, por exemplo, a venda de um terreno que a empresa não utilizava – o que ocorre apenas uma vez e não é o negócio principal da empresa.

Baixos indicadores Preço/Ebitda e PSR são os primeiros sinais a serem considerados para localização de empresas temporariamente em situações complicadas, normalmente por força de decisões desacertadas tomadas no passado, mas que conseguiram cumprir a primeira etapa de uma reestruturação, que é melhorar o resultado operacional. No segundo instante, inicia-se a fase de reduzir as despesas financeiras, permitindo a volta dos investimentos que podem reacender um círculo virtuoso na companhia, gerando as maiores valorizações de mercado possíveis.

No Brasil, o uso do indicador Preço/Ebitda teve a importância reforçada durante o período da grande desvalorização cambial ocorrida no início de 1998. Muitas empresas com pesadas dívidas atreladas ao dólar sofreram forte impacto nas despesas financeiras computadas no balanço. Nem toda essa dívida deveria ser paga no curto prazo, mas esses valores que não representavam desembolso imediato de caixa impactaram o resultado. Investidores que conseguiram visualizar além daquele resultado não recorrente de curto prazo, com base na relação preço-Ebitda, puderam adquirir excelentes empresas indevidamente penalizadas pelo mercado ineficiente.

Para comparação de empresas em âmbito internacional o indicador também ganha importância, dada as diferentes formas de tributação da renda e dos prazos de depreciação que cada país adota.

O indicador, então, deve ser considerado na análise de atratividade das empresas, salvo naquelas em que as despesas financeiras fazem parte da própria operação, como é o caso dos bancos.

CAPÍTULO

3

Avaliação da Empresa

3.1. Diferença entre preço e valor

Há diferença entre preço e valor. O preço é o que o mercado oferece, por meio das cotações que mudam a cada instante, e diz respeito à lei da oferta e da procura de curto prazo pelas ações. O preço é resultado da multiplicação da última cotação pelo número de ações que a empresa possui. O valor é obtido pela análise dos fundamentos empresariais e de suas perspectivas futuras, respeitando o histórico de conquistas de resultados. A relação entre o preço e o valor define a atratividade para compra de ações.

Buffett (Buffett & Clark, 2007, p. 28) considera que "você deve ver as ações como pequenas parcelas de uma empresa". É por essa razão que se deve considerar nas decisões quanto cada cotação individual representa em termos de preço da empresa. Deve-se verificar se valeria a pena comprar toda a empresa por aquele preço.

É importante conhecer regras simples de matemática, mas nada extraordinário. Não será a capacidade de o investidor resolver cálculos complexos que determinará seu futuro como investidor. Não! Muitas vezes você pode até saber chegar na casa dos centavos do valor justo de um ativo, mas, para estabelecer esse valor, é necessário projetar um cenário futuro de crescimento do lucro e estimar a taxa de desconto para trazê-lo a valor presente do capital. De nada adiantará a exatidão numérica se, no momento de visualizar a realidade da empresa, é utilizada uma taxa de crescimento ou de queda do lucro descabida ou uma taxa de desconto inaplicável. Nesse aspecto pecam alguns analistas ao elaborar exaustivos cálculos complexos com o intuito de apurar o preço-alvo. Disso derivam disparidades que, de fato, ocorrem com bastante freqüência.

Dependendo do que se aprecia, há a tendência de aumentar o significado econômico do que é avaliado. Uma mesma empresa, portanto, analisada por pessoas com preferência a determinados setores, tende a ter diferentes focos e resultados finais de valor justo.

Os efeitos da globalização também interferem nos preços dos ativos, especialmente porque os investidores mundiais, ao fazerem suas comparações de indicadores de mercado das empresas, conforme os setores, parecem não diferenciar questões peculiares a cada país. Durante a crise do crédito *subprime* das hipotecas americanas, bancos e construtoras perderam valor no mercado norte-americano, o que teve reflexos no Brasil, apesar de os bancos brasileiros não terem financiamentos com as mesmas características.

Entender a diferença entre o preço e o valor evitará que sejam compradas ações apenas porque os preços estão subindo.

O mais importante é verificar se a lucratividade da empresa está subindo, e não seu preço de mercado.

Todos os dias aparecerão cotações na tela de seu computador, conforme os negócios realizados. Em determinados momentos, essas cotações refletirão que a empresa terá sérios problemas e que o mundo sofrerá um revés inesquecível. Tempo depois, é possível que o monitor do computador lhe apresente uma empresa brilhante que se desenvolverá em um mundo sem concorrência, que crescerá a taxas nunca antes vistas por anos a fio. A avaliação prévia, então, permitirá que o investidor tire proveito das oscilações, que ora puxam os preços com base em cenários eufóricos, ora os reduz a uma verdadeira pechincha. Como se diz no mercado imobiliário, você pode estar diante de "uma galinha morta".

Apesar dessa importante ferramenta de estudar a relação entre o preço e o valor de cada opção de investimento, muitos acabam escolhendo apenas uma das faces da mesma moeda, ou seja, olham apenas o preço ou o valor. Com base apenas no preço, o investidor é tentado a adquirir ações apenas porque estão baratas demais em relação ao passado, sem se preocupar com a possibilidade de a empresa estar caminhando a passos largos para a falência. O mesmo pode acontecer quando a empresa está cada vez mais cara, atraindo novos participantes apenas em razão da rentabilidade passada, que começam a pagar o equivalente a indicadores insustentáveis na análise fundamentalista.

Avaliar apenas o valor, de igual sorte, não é garantia de sucesso. Empresas bem vistas pelo mercado, com informações disponíveis nos mais diversos meios de comunicação com argumentos para compra muito fáceis de serem obtidos, dificilmente apresentarão a melhor relação preço-valor. O valor pode ser efetivamente excepcional, mas de nada adianta comprar a empresa se os preços atuais contemplam anos à frente de prosperidade. O investidor verá a empresa crescer, melhorar, atingir todo aquele cenário maravilhoso e os preços simplesmente não se mexem mais, ou, o pior, eventual pequena queda na expectativa fantástica futura detona a venda de diversos investidores, esvaziando a bolha dos preços altos e levando junto o dinheiro de quem investiu em uma empresa maravilhosa, mas pagou caro demais por isso.

O trabalho que melhor remunera seu capital, então, decorre do uso adequado da relação preço-valor. Seu rumo inicial deve ser correto, com a busca desde o início das empresas com características positivas ainda não percebidas pelo mercado.

Aliás, o estudo do valor é essencial na medida em que seu objetivo é lucrar de forma consistente, no longo prazo, uma vez que, embora a especulação tenha força para determinação dos preços no curto prazo, em períodos mais extensos nada resiste aos bons fundamentos. A diferença entre o mercado no curto e no longo prazos foi muito bem definida por Graham: "No curto prazo o mercado é uma urna de votos, mas no longo prazo ele é uma balança." (Graham & Zweig, 2007, p. 520).

3.2 Fontes de informações

O segredo de muitas profissões está na capacidade de obter boas informações e de utilizá-las de forma adequada. No mercado financeiro não é diferente. Você deve aprimorar-se, aumentando sua possibilidade de êxito com dados fidedignos. Diversas são as informações disponíveis gratuitamente para o investidor pesquisar por boas opções.

A importância de obtê-las é reforçada por Kiyosaki e Lechter (2004, p. 110), aconselhando que "investidores melhores procuram informações melhores. (...). É preciso buscá-las".

As diversas fontes de informação guardam diferentes características e confiabilidade. O investidor deve saber, por exemplo, analisar a informação, considerando a possibilidade de haver interesses não muito confiáveis. Não raras serão as situações em que irá se deparar com uma recomendação de compra de um ativo, quando, na realidade, quem faz a sugestão está querendo vendê-lo. A capacidade, então, de checar a informação é tão importante quanto obtê-la. É difícil atingir sucesso nos investimentos acreditando em tudo que se lê.

Diversas informações das empresas negociadas na Bovespa estão disponíveis gratuitamente no site da bolsa. É possível encontrar os balanços financeiros trimestrais e anuais, os níveis de governança corporativa, os últimos fatos relevantes, enfim, um conteúdo riquíssimo que todo investidor deveria ler antes de investir em qualquer empresa, por mais "bem vista" que seja.

O relatório no qual a empresa comenta os resultados tem diversos aspectos como, por exemplo, se a empresa vende no mercado interno ou externo e em que porcentagem. Além disso, a existência de fornecedores externos abre caminho a informações fundamentais para que você saiba como a oscilação cambial influencia os resultados.

Vários relatórios discorrem sobre projetos futuros que podem ampliar a lucratividade e acerca de eventuais dificuldades derivadas de situações não recorrentes. Em alguns, ainda, é possível constatar o que afeta os custos e as receitas operacionais.

Buffett é um exemplo de investidor de sucesso que lia os relatórios anuais das empresas, aconselhando inclusive aqueles que iniciam seus estudos de ações a fazerem o mesmo, acrescentando que "esse conhecimento torna qualquer investidor imbatível ao longo do tempo". (Tier, 2005, p. 115-6)

Todas as informações que você lê nos relatórios vão se acumulando e aumentam cada vez mais sua capacidade de analisar oportunidades. Quando novos fatos ocorrem, você sabe antes quais as possíveis empresas que podem ser afetadas positivamente ou negativamente. Esse tempo de reação mais rápida dá ao investidor uma vantagem enorme em comparação àqueles que não se dedicam à análise fundamentalista.

É possível que você se recorde da arrancada dos papéis da Petrobras durante a divulgação das gigantescas reservas de petróleo na chamada camada pré-sal. Há casos em que a informação divulgada parece não representar muito para a economia em geral, mas apresenta repercussão igualmente extraordinária para as *small caps*, embora desprezada pelo mercado em virtude da pequena visibilidade dessas empresas.

É claro que o bom investidor não irá se contentar em ler apenas o relatório, uma vez que importantes aspectos podem ser omitidos, especialmente aqueles que revelam eventuais dificuldades. Alguns relatórios apresentam viés positivo, outros são excessivamente negativos e, na maioria das vezes, há muitas omissões, especialmente nas empresas pouco acompanhadas, o que reforça a existência de oportunidades fora da vitrine.

Terminado o pregão diário, no início do período noturno, a Bovespa disponibiliza o *Boletim Diário de Informações* (BDI), em que constam praticamente todas as informações relevantes ao pregão, como valor máximo, mínimo e número de negócios das ações transacionadas, cronogramas de abertura de capital e fatos relevantes das empresas publicados no dia. Constam, também, as variações dos diversos índices de mercado, como Ibovespa, IBX-50, IEE etc. Também os títulos públicos disponíveis para compra no Tesouro Direto têm as taxas remuneratórias divulgadas. Até mesmo os negócios realizados com os Fundos Imobiliários são divulgados no BDI.

Você deve tomar cuidado ao ler relatórios repletos de desculpas para a ausência de lucros, especialmente para constatar se não é rotina justificar os equívocos da administração. É interessante verificar naquelas empresas que disponibilizam previsões de faturamento e de lucros quais foram os índices de acertos no passado. Isso permite estabelecer até que ponto as projeções são confiáveis. O mesmo se aplica quando você lê relatórios disponibilizados por analistas. O papel tudo aceita e, caso você queira se guiar pelas informações de um deles, verificar o nível de sucesso anterior na análise das informações de mercado pode lhe poupar alguns prejuízos. Esses relatórios são, efetivamente, importantes fontes de informação, mas a ausência de críticas ou da análise de confiabilidade será um bom atalho para o fracasso financeiro.

Outra fundamental e riquíssima fonte de informações são as notas explicativas que acompanham os balanços. Vários aspectos da contabilidade da empresa são detalhados, como os referentes a eventuais provisões, métodos de apuração dos resultados, eventuais ativos que constam com preço de custo e que valem diversas vezes mais e até mesmo a composição das dívidas por prazo e índices de correção. Enfim, nessas informações que pouca gente dá importância podem ser localizadas oportunidades de investimento incrivelmente tentadoras ou, simplesmente, que o ajudam a tomar melhores decisões.

O anúncio de bons dividendos e/ou juros sobre o capital relativos a um trimestre específico previamente à divulgação do balanço revela uma informação que sinaliza quanto poderá ser o lucro trimestral, como aconteceu com a Eternit ao divulgar os juros sobre o capital próprio do primeiro trimestre de 2008, em 24 de abril de 2008, superiores ao de igual período de 2007. O lucro líquido trimestral divulgado em 13 de maio de 2008 confirmou a evidência, caminhando de R$5,4 milhões para R$18,7 milhões, um aumento de 246%.

É possível **obter informações fazendo coisas simples**, como a visita a supermercados ou outras formas de varejo, em que se pode constatar como estão distribuídos os produtos da empresa alvo de pesquisa.

Segundo Zweig (Graham & Zweig, 2007, p. 150), "Lynch dizia que os investidores amadores tinham uma arma que os profissionais haviam esquecido de usar: 'o poder do conhecimento comum'". Isso significa que por meio de atividades rotineiras como ir a um restaurante, verificar um novo carro e visualizar uma fábrica produzindo madrugada adentro são informações que podem indicar o desempenho de uma empresa ou a aceitação de um produto no mercado.

Algumas empresas divulgam os planos de investimentos futuros, como a Usiminas, a Vale do Rio Doce e a Sadia. Outras divulgam *guidances*. Com essas informações fica mais fácil projetar cenários futuros para analisar a atratividade dos investimentos.

No primeiro trimestre de 2008, houve problemas no setor agropecuário em razão de dificuldades na exportação de carne para a Europa. Isso contribuiu para afetar a cotação de várias empresas do setor, como as da Minerva S.A.(BEEF3). A empresa divulgou uma *newsletter* em 15 de abril de 2008, informando que essa situação estava sendo bem gerenciada, o que contribuiu para o mercado dissipar parte dos cenários pessimistas projetados e aumentar a cotação das ações.

Isso comprova a importância de se manter atento às informações referentes às empresas selecionadas para compor a carteira de ações.

As apresentações públicas e aquelas que constam na área de relação com investidores são ricas em detalhes que devem ser conhecidos. No entanto, você irá se deparar com inúmeras empresas, de enorme potencial, que ainda não se preocupam em desenvolver uma boa comunicação com o mercado. Enquanto algumas companhias disponibilizam informações a cada minúsculo passo, outras são extremamente omissas, quase ignorando que são negociadas em bolsa de valores. Boa parte dos investidores, diante da dificuldade, terminaria a pesquisa neste instante. No entanto, **ausência de informações nem sempre significa inexistência de grandes oportunidades** encobertas pelas omissões. Em determinadas situações, se você tem evidências de que o negócio de determinada empresa pode estar indo muito bem, analisou os balanços, obteve informações iniciais positivas, não desista e dê o próximo passo.

Como muitos desistem pelo caminho, as omissões contribuem para que as cotações de determinadas empresas fiquem ainda mais depreciadas quando comparadas àquelas que possuem excelente nível de comunicação com o mercado. Esse é um nicho de mercado que pode ser muito lucrativo.

Deve-se ter cautela, ainda, com as companhias que investem excessivamente em marketing, com relatórios e apresentações belíssimos, mas que apresentam poucos resultados. No final, o que vale mesmo é que aquelas informações divulgadas se traduzam em lucros.

A busca de informações deve se tornar um hábito. É interessante ler jornais especializados em economia que tragam informações sobre o que está acontecendo com as empresas. É possível fazer pesquisas nos sites de busca, como o Google. Há também blogs de investimento com suas mais variadas ênfases e diversos fóruns de discussão na internet. Nesses casos, é claro que o investidor deve estar preparado para saber separar as informações e análises úteis e verdadeiras do comportamento emocional, sem muito significado em termos de informação, o que é muito disseminado nesses espaços. A necessidade de conferir as informações obtidas nesses ambientes é ainda maior. Há diversas pessoas bem-intencionadas e que trazem informações relevantes, além de opções de investimento que poderiam não estar, ainda, no alvo de suas análises. No dia da decisão do Supremo Tribunal Federal contrária aos interesses da Eternit para comercialização de produtos com amianto em São Paulo, por exemplo, alguns fóruns de investimento disponibilizaram a notícia antes mesmo dos serviços especializados de informações. Você teria evitado considerável prejuízo se tivesse vendido assim que a notícia foi veiculada em um desses fóruns. A queda abrupta do valor de mercado da empresa assim que a massa de investidores soube da informação atingiu algo próximo a 30%. Caso permanecesse o interesse em se manter posicionado no papel, seria possível vendê-los antes da queda e depois recomprá-los bem mais barato, após a resposta emocional do mercado. A decisão do STF ocorreu no dia 4 de junho de 2008, quando o pregão estava praticamente encerrado.

Quando eventual oportunidade de investimento é aconselhada pelos diversos meios de comunicação, como blogs, fóruns, jornais, revistas etc., o investidor deve avaliar se as razões daquela indicação adaptam-se a seu perfil de investimento e, especialmente, se há como aferir a plausibilidade da tese divulgada. Cuidado, repito, com os boatos infundados e com o nítido desejo de gerar valorizações irracionais nas cotações de algumas empresas.

Fischer (Tier, 2005, p. 57) utilizava-se da rede de rumores para busca de informações por meio de conversas com clientes, fornecedores e até ex-empregados de uma companhia para saber como anda a empresa pesquisada.

Você terá mais tempo para se dedicar à busca dessas informações na medida em que deixar de ser atraído apenas pelas oscilações de preços diárias, que exigem muito tempo ligado ao computador sem informações adicionais suficientes para que você se torne um investidor melhor. A dependência da opinião de terceiros para tomar decisões diminui sobremaneira quando as informações que você obtém e a capacidade de analisá-las se ampliam, com evidentes benefícios à sua carteira de investimentos.

3.3. Avaliação de aspectos tangíveis do balanço

A informação e a **capacidade de interpretar balanços** são as melhores proteções que você tem para não cair na conversa fácil de relatórios. Sempre que o investidor de sucesso escolhe uma empresa, recorre ao balanço para verificar a situação patrimonial e de resultados que a companhia tem atualmente e como isso evoluiu nos últimos anos perante os diferentes cenários econômicos.

Não é necessário ser PhD em análise de balanços ou conseguir fazer cálculos extremamente complexos para desvendar oportunidades no mercado acionário. Basta pautar-se por uma análise simples, sistemática, e acompanhar a conjuntura econômica do setor de atuação da empresa escolhida.

A precisão da contabilidade da empresa, sua fidedignidade, como ela explica seus resultados nos relatórios empresariais, são fatores importantes para decisão de escolha entre as alternativas analisadas. Em igualdade de condições, riscos e oportunidades, prefira a empresa que é transparente na divulgação dos balanços.

Diversas empresas trazem os métodos contábeis utilizados nas notas explicativas, facilitando bastante o entrosamento do investidor com as diversas normas que regulam a contabilidade. Quanto mais relatórios e notas explicativas você ler, mas familiarizado estará com o mundo contábil. Isso servirá quase como um auto-aprendizado dessa ciência.

A importância de aprender os aspectos da contabilidade para avaliação das empresas ganha ênfase na medida em que são os resultados empresarias que determinarão suas cotações quando as forças irracionais de curto prazo deixarem de agir. Isso pode até demorar e, por isso, é fundamental que, além de se fazer boas escolhas, se tenha tempo para esperar a colheita.

A análise completa e atenta dos balanços financeiros pode revelar **ativos ou passivos escondidos**, não contabilizados por motivos nem sempre fundamentados ou em virtude de regras contábeis, como a necessidade de se registrar os bens que fazem parte do ativo da empresa pelo valor do custo de aquisição, uma vez que é vedada a correção monetária.

Uma empresa pode ter pendência judicial que pode lhe garantir ganho extraordinário em uma causa fiscal e não ter sido contabilizada essa possibilidade, o que pode provocar ganhos elevados para quem detectar essa situação antes do mercado. Talvez ela seja ré em um processo fiscal e não exista provisão de recursos suficientes para o caso de perder a ação. Várias causas desse tipo discutem quantias muito elevadas que podem fazer a empresa sair de situações de alto endividamento para praticamente nenhuma dívida, ou mesmo deixá-la à beira da falência.

É possível ainda que a empresa tenha realizado investimentos no mercado acionário ou adquirido imóveis contabilizados a preço de custo, cujos bens valham diversas vezes a quantia registrada. Há casos em que um bem registrado abaixo de R$2 milhões valha hoje mais de R$100 milhões. Uma boa seleção pode encontrar verdadeiros tesouros escondidos, alguns de tal porte que o valor oculto chega a ser superior ao valor de mercado atual da empresa.

Um aspecto fundamental a verificar na compra de ações é a **liquidez corrente da empresa**. Ela é obtida por meio da relação entre o ativo e o passivo circulantes. O ativo circulante é composto pelos valores disponíveis a curto prazo (menos de um ano) em caixa, depósitos, aplicações financeiras, bem como pelos bens e direitos realizáveis também em um ano, como estoques e duplicatas a receber, ou seja, é aquilo que já é ou irá se transformar em dinheiro em menos de um ano. O passivo circulante diz respeito aos compromissos financeiros que a empresa deve honrar no prazo de um ano, sendo composto por obrigações com fornecedores, salários a pagar, tributos a recolher, empréstimos bancários, entre outros.

Quando o passivo circulante é superior ao ativo circulante, dependendo do setor empresarial em que a empresa está inserida, pode ser sinal de alerta de que a companhia deixará de honrar os pagamentos que deve efetuar.

O nível de endividamento adequado depende muito do perfil e do setor. Há empresas que exigem quantidade de capital alta para início das atividades, porém consegue fluxo de capital forte após os aportes iniciais que, com boa gestão, será suficiente para o pagamento dos empréstimos. Esse é o caso de companhias do setor elétrico.

Empresas em que as despesas financeiras são superiores ao lucro da atividade representam riscos superiores e uma situação que não pode durar muito tempo. Muitas que não conseguiram sair desse círculo vicioso atualmente são rés em processos de falência.

É interessante verificar a proporção entre a dívida e o patrimônio líquido. A dívida é conhecida como passível exigível e o patrimônio líquido é denominado como passivo não exigível, uma vez que se trata do capital que os sócios aportaram para constituir a empresa, incluindo, também, os resultados acumulados. Essa relação deve ser comparada com a das outras companhias do mesmo segmento, para verificar se está adequada aos padrões de suas concorrentes. De qualquer sorte, há maior preocupação quando o lucro operacional não quita as despesas geradas pela dívida.

No ativo circulante, verifique como anda a evolução do caixa da empresa. Para uma empresa crescer, ela necessita aumentar seu capital de giro para a atividade, mas não se assuste se você verificar que o caixa da empresa diminuiu de um trimestre para outro, pois deve ser avaliado o contexto. A empresa pode ter abatido dívidas, de modo que a queda da quantia disponível em caixa não significará, propriamente, uma tendência negativa. Não obstante, empresas com maior caixa podem crescer sem aumentar as despesas financeiras.

É importante **verificar o patrimônio líquido e sua evolução**, que serve de base para os cálculos da relação Preço-Valor Patrimonial por Ação, de elevada importância, e também integra o cálculo do **ROE (retorno sobre o patrimônio)**. O lucro que a empresa apresenta, dividido pelo patrimônio líquido, tomado em termos percentuais, corresponde à rentabilidade da empresa, a melhor e mais utilizada medida de eficiência empresarial. O ideal é que o indicador seja superior à rentabilidade que seria obtida em investimentos livres de risco, uma vez que o investidor tem a opção de escolher entre aquela empresa ou outras e até entre formas de investimento diversas. É necessário verificar em que medida o aumento do patrimônio líquido com a retenção dos lucros está beneficiando o acionista, o que é medido pelo ROE.

Essa rentabilidade, em simples análise, responde à mesma pergunta que você faz ao aderir a determinado investimento. Você sempre indaga: Quanto rendeu esta opção? Quanto pode render? Na empresa a situação é idêntica. Se você localizar uma companhia que lucre R$500 por ano, a cada R$1.000 de patrimônio líquido (ROE de 50%) você está diante de uma empresa excepcional, especialmente se considerado que o rendimento anual seria em torno de R$100 em uma aplicação financeira convencional. A simplicidade dos cálculos gera a falsa ilusão de se ter encontrado o "mapa da mina". É necessário, no entanto, verificar como andam os outros indicadores fundamentalistas, especialmente porque nessas empresas altamente rentáveis a relação Preço-Valor Patrimonial costuma ser superior à relação das demais, o que deve indicar se o mercado já precificou adequadamente essa rentabilidade extraordinária ou se ainda representa um "tesouro escondido".

É interessante verificar como a empresa se comportou em termos de receitas, lucros e rentabilidades nos últimos anos. Disso deriva uma tendência que facilita vislumbrar o que pode acontecer no futuro. É mais fácil acreditar que uma empresa promissora realize suas boas projeções futuras quando conquistou bons desempenhos pregressos.

O investidor também deve conhecer **o que afeta as margens** da empresa estudada.

Conhecer como os custos e receitas são compostos é fundamental. Acompanhando os acontecimentos econômicos, o investidor saberá com antecedência se a companhia em foco será beneficiada ou prejudicada, por exemplo, pela volatilidade do dólar a curto e médio prazos. Outros fatores a serem considerados são, por exemplo: a inflação, que pode beneficiar empresas que possuem contratos atrelados a índices de preços; o aumento do custo de matérias-primas, como o minério de ferro, que beneficia empresas de mineração e prejudica empresas de siderurgia; o aumento das taxas de juros, que piora a situação de empresas endividadas e melhora a daquelas com muitas aplicações financeiras. Enfim, um mesmo fato econômico gera as mais diferentes conseqüências nos resultados empresariais.

Antecipar-se a esses movimentos pode fazer com que você compre antes empresas que apresentarão "surpresas de lucro". Como relatado por Smith (2005, p. 51), "conforme sua experiência e sua percepção dos eventos começam a suspeitar que 'situações A tendem a causar B'".

Analisar os fatos econômicos e estudar as probabilidades daí decorrentes conforme a peculiaridade de cada empresa é um ótimo caminho para se tornar um investidor de sucesso. O nível de acertos será ampliado à medida que o conhecimento de um maior número de alternativas possíveis chegue ao investidor.

O crescimento da receita, isoladamente, não significa indício suficiente para aquisição de ações. É necessário verificar o custo do crescimento, se ocorre com preservação das margens. Estruturas enxutas representam maior lucratividade para o acionista. Há empresas de segmentos idênticos em que a quantidade de capital utilizado para administrá-las é tal que as margens de lucro ficam bastante reduzidas. O custo, especialmente os atrelados a desperdícios, constituem um item mais facilmente gerenciado do que os preços de venda. Quando a empresa tem o menor custo e despesas, inclusive financeiras, sobrevive com mais facilidade aos cenários de menor demanda e excessiva oferta de seus produtos.

Há casos em que a diminuição da receita resulta em aumento da lucratividade, uma vez que pode ter sido finalizada alguma operação com margem negativa, como aconteceu com a Karsten S.A. ao encerrar algumas atividades no exterior no segundo semestre de 2006. Isso contribuiu para melhorar sua lucratividade, apesar da momentânea queda da receita.

Algo que contribuiu para muitos equívocos nas análises das opções no mercado acionário diz respeito à não-diferenciação entre os **fatores recorrentes e não recorrentes** que afetam o lucro líquido do exercício. Diversos investidores desavisados consideram apenas o lucro líquido em suas análises e sequer estudam a forma como foi obtido. É fundamental considerar primordialmente a possibilidade de a empresa repetir, de forma sistemática, bons resultados, o que advém daquilo que é da própria atividade empresarial. A venda de um imóvel, por exemplo, pode resultar em um ótimo lucro para aquele exercício, mas se não for esta a atividade da empresa, não há qualquer garantia de que o patamar de lucratividade atingido com esse negócio seja sustentável.

No balanço, os resultados não operacionais estão em campo específico, sendo de fácil visualização. O que o investidor deve considerar é como o capital recebido pelo negócio influencia na continuidade da empresa. Uma companhia com dificuldade de capital de giro, com baixa liquidez corrente, pode aumentar a lucratividade futura em razão de um resultado não operacional que resolva seu problema de caixa, caso haja evidências de que foram superadas as razões que levaram a empresa a ter as dificuldades iniciais.

O investidor deve cuidar ao comparar empresas com **diferentes métodos de depreciação** dos bens e fases de investimento. É comum que empresas que investiram bastante recentemente ampliem as depreciações, o que diminui, no curto prazo, o lucro líquido, mas não o lucro Ebitda, importante indicador a ser considerado nessas situações.

Alguns bens totalmente depreciados no balanço ainda apresentam bom saldo residual, o que pode resultar em lucros quando da venda, como é o caso de um veículo mais antigo com valor contábil zero. De qualquer sorte, não se deve ficar iludido e considerar apenas os lucros medidos pelo Ebitda, sem considerar as despesas de depreciação, uma vez que a empresa deve continuamente investir para manter suas atividades lucrativas e para oferecer produtos e serviços atualizados, conforme o gosto do consumidor.

As companhias diferem também em como **contabilizam pesquisa e desenvolvimento**. Umas o lançam como custo e outras o colocam como investimentos, no ativo diferido, influenciando no resultado final da empresa.

A **avaliação de holdings**, as quais detêm participação acionária de empresas com cotação em bolsa, é mais simples, bastando calcular o valor de mercado de cada participação individualmente, multiplicado pelo percentual da participação. Depois, o caixa é somado ou as dívidas são subtraídas. As próprias empresas das quais a holding participa devem ser avaliadas para averiguar se suas cotações não estão altas demais na bolsa. O mercado ofereceu várias oportunidades de comprar holdings com bons descontos em relação às suas principais empresas que compõem o portfolio. Foi o caso das holdings Metalúrgica Gerdau (Gerdau), Bradespar (Vale do Rio Doce), Itausa (Banco Itaú) e Bahema (Banco Unibanco).

Considerar o preço da ação mais líquida é o mais adequado, assim como atribuir um prêmio de controle ou, conforme os direitos da governança corporativa, o *tag along*, caso existente.

3.4. Avaliação de valores intangíveis

Os valores intangíveis exigem uma apuração de fatores mais complexos do que os relacionados aos tangíveis. Embora estes, algumas vezes, não estejam contabilizados pelo valor de mercado atual entre os ativos que constam do balanço, os intangíveis são ainda mais raros de se encontrar entre eles. Esses valores são conhecidos pela palavra em inglês *goodwill*.

Analisando a demonstração dos resultados fica um pouco mais evidente a existência de valor intangível, especialmente quando empresas que realizam a mesma atividade empresarial conquistam diferentes patamares de lucratividade. Certamente os valores intangíveis têm muita influência sobre esse desempenho superior.

Os valores intangíveis dizem respeito a algo não palpável. Um terreno, por exemplo, que é tangível, você vê, consegue avaliar mais facilmente, tem melhor base de comparação, ao passo que o valor de uma marca, de uma administração competente, não estará quantificado com precisão no balanço.

Os valores intangíveis solidificam uma imagem positiva em razão de serviços ou produtos que se diferenciam aos olhos do consumidor pela qualidade e não apenas pelo preço.

A importância dos valores intangíveis ganha mais ênfase quando se analisam empresas com valor patrimonial inferior até mesmo ao poder econômico da marca. Um bom exemplo de empresa brasileira com uma marca muito forte é a Natura. Isso possibilita à empresa, em razão da percepção do consumidor sobre sua qualidade, vender produtos com preços superiores. Aliás, diversos consumidores sequer se preocupam com os preços, tamanho o poder de fidelização. A rentabilidade patrimonial dessa empresa é uma das maiores do mercado.

Nesses casos, relação Preço-Valor Patrimonial por Ação pode se revelar bastante elevada, mas tal se dá em virtude da existência de valores intangíveis, na maioria das vezes não contabilizados nos balanços. Quando uma empresa é avaliada para aquisição, o valor da marca acaba sendo estimado e fará parte do preço a ser pago, o que parece ser uma tendência do mercado. Também na seara da legislação contábil, verifica-se propensão a se quantificar, no balanço, os valores intangíveis.

Há casos em que a própria marca pode ser negociada no mercado, de forma isolada, sem que qualquer bem tangível seja transacionado, como foi o recente caso de venda, pela Suzano Papel e Celulose, da marca Ripax para a empresa Nobrecel, conforme fato relevante divulgado em 17 de julho de 2008 na Bovespa.

O poder das idéias é outra importante fonte de valores intangíveis. Imagine a diferença entre o valor patrimonial da Microsoft, quando estabelecida em sua fase inicial, em uma garagem, e as idéias geniais que ali estavam nascendo. O valor do tangível nada representava naquele momento, mas o valor intangível construído não podia ser estimado nem mesmo por seus otimistas proprietários.

Os valores intangíveis também derivam de inúmeros outros fatores, como o local em que está estabelecido um negócio, especialmente se for do ramo comercial, o respeito conquistado dos clientes, medido por meio de pesquisas de satisfação, a reputação derivada de projetos anteriores realizados com sucesso. Tudo isso influencia na definição dos preços que podem ser cobrados pelos serviços e produtos.

Os valores intangíveis, portanto, podem ampliar o *market share* da empresa ou melhorar suas margens, fazendo com que a companhia se destaque entre tantas opções disponíveis para os consumidores.

O investimento de uma empresa em valores intangíveis pode ocorrer, entre outros, por meio de pesquisa e desenvolvimento de novos produtos, da escuta de seus consumidores com o intuito de melhor atendê-los e de uma administração extremamente eficiente, voltada a satisfazer também os clientes internos.

A identificação, pelo investidor, dos principais acionistas da empresa pesquisada, especialmente os controladores, é fundamental, na medida em que são eles que determinam os rumos da administração e, portanto, são decisivos para que os resultados sejam atingidos.

Buffett (Tier, 2005, p. 168) considera que adquirir ações é como contratar a administração para dirigir a empresa, razão pela qual ele deve confiar nas pessoas que comandam a companhia para realizar o investimento.

No caso de empresas com indicadores de atratividade semelhantes, verificar aquela que possui valores intangíveis superiores pode ser uma ótima opção. Um método interessante para localizar companhias bem administradas é analisar o destino dos recursos geridos por fundos de investimento de boa qualidade focados em *small caps* e estudá-los cuidadosamente. Quando o fundo é dirigido por pessoas honestas e competentes, é grande a possibilidade de a administração dessas empresas ser bastante superior.

Fischer (Hagstrom, 2008, p. 44-5) buscava identificar as características das empresas notáveis, com boa gestão, ressaltando que devem ser realizadas políticas que garantam ganhos consistentes de longo prazo ainda que haja risco de redução de lucros no curto prazo.

É fundamental, na gestão, que haja bom relacionamento dos executivos com os colaboradores da empresa e que a sensação dominante seja a de que a ascensão profissional ocorra com base em critérios de merecimento e que ali é um bom lugar para se trabalhar. Nenhuma empresa permanece no topo se seus funcionários estão desmotivados, esperando apenas o momento para pular do barco.

Outro aspecto relevante de uma boa administração é a correta aplicação dos recursos financeiros, seja em novos projetos com boas perspectivas de rentabilidade, seja na própria distribuição de remuneração aos acionistas, sempre com foco na geração de valor, a salvo de desperdícios e outros métodos enigmáticos ou irracionais de administração.

3.5. Avaliação conforme as perspectivas futuras

O investidor deve verificar o cenário futuro que a empresa pode apresentar. A avaliação dos resultados passados é mais simples e segura, com menor espaço para subjetivismos ou o estabelecimento de premissas que podem não se confirmar. Basta estudar o balanço da empresa.

No entanto, salvo nos casos em que os indicadores estejam absurdamente interessantes, de nada adianta comprar ações de uma empresa cujo ciclo dos produtos ou serviços esteja próximo do fim e não haja qualquer indício de que foi traçado um plano para minimizar os impactos dessa situação.

Não há certezas no mercado de ações, apenas probabilidades, e, quando se trata de estimar o futuro, a qualidade das premissas consideradas é o que determinará o sucesso das projeções e, por conseguinte, do investimento. A visualização das perspectivas futuras, valendo-se muito dos aspectos intangíveis da empresa, permite ao investidor comprar ações de empresas antes que elas caiam nas graças do mercado, afinal, quais companhias você considera que comandarão o mercado acionário daqui a 10, 20 anos? Qual segmento? Alguém chegou a imaginar que o petróleo, o minério de ferro e o aço chegariam aos preços vigentes em 2008? Certamente não, e era muito difícil estabelecer esse cenário há 10 anos. Quem conseguiu visualizar, ganhou muito mais dinheiro do que aqueles que compraram depois de o movimento já ter se consolidado. Embora as ações de muitas dessas empresas tenham acumulado ganhos generosos nos últimos 12 meses encerrados em maio de 2008, quando são analisados períodos de 10 anos, encontram-se casos de cotações multiplicadas por 20, ou mais.

Assim, investir em empresas com base em cenários futuros é uma tarefa difícil, mas, ao mesmo tempo, lucrativa caso as escolhas sejam acertadas. Para tanto, é necessário selecionar companhias a partir do estudo daquilo que foram capazes de oferecer no passado e ter em mente que muitas das apostas que o mercado faz não são confirmadas. Não custa lembrar a bolha das ações de tecnologia da bolsa Nasdaq.

O valor de uma empresa pode ser obtido conforme o valor presente de seus lucros futuros, o que pode ser calculado com o uso da matemática financeira. É claro que o investidor deve conhecer bem o negócio da empresa para estimar corretamente as perspectivas de lucros futuros.

A importância de se compreender bem um negócio ganha ênfase na medida em que não se pode ser otimista demais, imaginando a continuidade perpétua de uma economia aquecida e de resultados surpreendentes da empresa selecionada, nem muito pessimista, considerando que uma empresa jamais conseguirá livrar-se de eventual situação desfavorável.

Como colocado por Haugen (2000, p. 55), ao mesmo tempo em que empresas prósperas enfrentarão novos concorrentes que baixarão os preços, muitas empresas abandonam uma atividade quando um segmento deixa de ser lucrativo, o que diminui a oferta no futuro e permite aos sobreviventes elevar suas margens.

É possível constatar essa situação ao analisar a influência que os preços têm na escolha dos produtos agrícolas que serão cultivados. Safras abarrotadas de determinadas commodities reduzem seus preços, incentivando muitos agricultores a plantar outras culturas com preços atuais melhores, garantindo maior rentabilidade.

A falta de engenheiros que o Brasil enfrenta na construção civil em 2008 é resultado de anos de estagnação no setor, que incentivou diversos profissionais a buscar melhores oportunidades em outros ramos de atuação. Com o aquecimento da demanda por seus serviços, passaram a auferir melhores rendimentos, o que certamente atrairá novos profissionais para a carreira.

Kiyosaki e Lechter (2004, p. 170) dizem que se deve acompanhar as mudanças e os ciclos, uma vez que "todo investidor deve saber quando uma flor está a ponto de desabrochar... e quanto durará".

3.6. Reação a resultados

Diariamente, o mercado acionário sofre diversas influências de eventos que servem de pretexto para que as cotações oscilem. No curto prazo, fatores emocionais provocam pressões de compra ou de vendas, contudo, no médio e longo prazos, o distanciamento entre as cotações de mercado e o valor real da empresa tende a diminuir. Alguns exageros são reduzidos, outros são criados, elevando ou reduzindo as cotações.

No entanto, para o investidor em valor, a matéria-prima de suas análises mais importantes não são as oscilações de preços, mas, sim, os resultados da empresa. A principal pergunta que deve ser feita, então, é: Como será o resultado da empresa que você escolheu? Essas informações é que servirão de bússola para a evolução das cotações da empresa quando as forças irracionais de curto prazo perdem força.

As ações que possuem menor liquidez são aquelas que apresentam maior propensão de reagir com força aos resultados corporativos. Embora as ações de alta liquidez também reajam a tais eventos, a entrada ou saída de capital, especialmente de estrangeiros, do mercado de ações exerce influência ainda mais relevante nesses ativos. Além disso, muitos fundos passivos – que seguem determinados índices, como o Ibovespa – investem em empresas independentemente do valor que elas representam. Assim, quanto mais pessoas se interessam em investir no mercado por meio desses fundos, mais inflacionados ficam os preços desses ativos em virtude do expressivo aumento do fluxo de capital.

Os ativos de menor liquidez, fora do foco de vários investidores e instituições que determinam o fluxo de capital da bolsa, movimentam-se mais em razão de seus resultados financeiros.

Assim, o que dita o rumo dos preços das cotações de empresas de valor, especialmente *small caps*, no longo prazo, são seus resultados. A maioria reage nos dias de divulgação deles, suas molas propulsoras.

Diversas vezes o mercado mostra a importância do resultado, como o que ocorre em dias de forte queda dos índices da bolsa. Empresas que apresentam resultados bons, como aqueles em que o lucro sobe 100% em um semestre comparativamente a uma base semestral anterior satisfatória, têm forte tendência de subir ainda que todo o resto do mercado esteja em queda, desde que o lucro tão elástico não seja previamente esperado. A conclusão desse fenômeno é clara: se você está posicionado em uma empresa que tem bons indicadores de mercado (conforme Capítulo 2, bom crescimento de lucros e faturamento etc.) as quedas do mercado não afetaram seu investimento. Havendo outro excelente resultado positivo, certamente existirá nova forte demanda de compra do ativo.

É claro que nos momentos de baixa esses ativos também caem, mas logo retornam aos preços anteriores e até superiores quando resultados surpreendentes chegam ao mercado. Por isso, quem quer ganhar de forma sustentável no médio e longo prazos deve escolher empresas bem administradas e lucrativas, antes que essas conclusões sejam precificadas pelos demais investidores.

Uma excelente forma de atuar no mercado acionário é comprar ações de empresas que podem trazer surpresa nos lucros, que nada mais é do que a diferença percentual entre os lucros registrados e os lucros projetados por analistas. Os anúncios de lucros não esperados podem gerar as maiores valorizações nas cotações nos ativos, quando compradas baratas. As ações de crescimento que tenham resultados positivos já contemplados nos preços não reagem com a mesma intensidade à melhora dos resultados, isso quando não ocorrem decepções, gerando pressão de venda.

Damodaran (2006, p. 140) diz que as ações das empresas de menor porte reagem com mais vigor na data do anúncio de lucros, movimento que continua inclusive após referido anúncio.

Um novo resultado trimestral, notadamente nas empresas pouco acompanhadas por analistas e desprezadas na Bovespa, podem desenhar a tendência das cotações até o próximo balanço. Quando a empresa é pequena e é acompanhada pelos analistas, há uma tendência de existir pressão de compra pelos clientes que recebem esses relatórios, caso os comentários sejam bons e os resultados de fato sejam acima das expectativas. Logo, quando o próprio investidor tem a capacidade de fazer previamente a rápida análise do resultado, antes se posiciona e garante rentabilidade adicional.

Há informações que são disponibilizadas, mas não geram reação imediata no mercado. É o tempo que o investidor tem para analisar e prever possíveis desdobramentos futuros relativos à empresa e à continuidade da melhora dos lucros.

Outro fator de forte impacto diz respeito à base de comparação do resultado trimestral. Por vezes, a notícia veiculada nos meios de comunicação sobre o mercado acionário é elaborada pela metade, como: aumento de 1.000% no lucro. Esse dado isoladamente nada vale – apenas psicologicamente, pois o ano de referência pode ter sido péssimo e o lucro em termos absolutos pode ter aumentado de apenas R$1.000 para R$10.000. O contrário também é válido. Além disso, quando ocorre a reversão de um resultado de prejuízo para um resultado de lucro, isso tem impacto enorme no P/L. Os filtros dos softwares podem vir a mostrar a empresa bem posicionada nesse ranking, gerando também possível pressão de compra. O segredo, então, é se antecipar a essas probabilidades se você tiver interesse em se posicionar no ativo.

A grande vantagem da avaliação da empresa pelo próprio investidor se dá, então, quando das divulgações de balanços. Quando o mercado não percebe a melhora nas demonstrações financeiras, são necessárias outras evidências, como uma nova divulgação de resultado positivo para que os preços passem a reagir. É nesse interstício que o investidor atento pode tirar proveito da ineficiência do mercado.

A reação aos resultados fica intensificada em razão de os investidores costumarem dar peso extra às informações recentes, exagerando na reação.

É fundamental que o investidor diferencie a qualidade do lucro adicional, ou seja, se é decorrente de um desempenho operacional ou de um evento não recorrente. Os efeitos extraordinários também acabam por gerar pressão de compra ou de venda, uma vez que boa parte do mercado não distingue como o resultado foi obtido. O cuidado que se deve ter, então, é evitar o posicionamento em ativos nos quais a base de comparação anterior contemplava resultados extraordinários positivos. Quando, no ano seguinte, o resultado é divulgado sem esses fatores, o mercado acaba por interpretar que houve piora no desempenho da empresa, quando muitas vezes a parte operacional pode apresentar um resultado até mesmo superior.

Uma grande oportunidade surge, então, quando há reestruturações que geram despesas não recorrentes, como as oriundas de fechamento de unidades industriais e demissões. Após a divulgação do balanço, muitos investidores desavisados vendem as ações por analisarem apenas a última linha do balanço, referente ao lucro ou prejuízo líquidos. Não raras vezes, tais reestruturações acabam por eliminar unidades que causavam prejuízos e, nos trimestres posteriores, o desempenho previsivelmente superior certamente atrairá novamente os mesmos investidores que antes haviam vendido seus papéis sem analisar adequadamente o que ocorria com a empresa.

CAPÍTULO

4

Tipos de Empresas

4.1. Empresas de valor – margem de segurança

As empresas de valor são aquelas que, sob a ótica da análise dos múltiplos fundamentalistas, especialmente o P/L e o P/VPA, estão mais baratas e, por isso, apresentam grande margem de segurança. São as ações que costumam apresentar o menor risco, uma vez que a análise de sua atratividade baseia-se em algo já ocorrido, referente à lucratividade passada e ao valor patrimonial, diferentemente de análises que invocam perspectivas futuras positivas para se fazer a opção por ativos que atualmente não seriam os mais baratos.

Essas empresas, então, são mais defensivas para os cenários de queda do mercado de ações. Diferentemente das ações de crescimento, por exemplo, essas empresas não são escolhidas porque terão uma taxa interessante de incremento de suas atividades. Pelo contrário, o simples fato de manterem o padrão atual de lucros é suficiente para a realização das compras. Quando a economia apresenta sinais de que pode passar por um período turbulento, o que inevitavelmente acontece de forma cíclica, são as empresas menos atingidas, uma vez que seus preços não projetavam um cenário muito promissor.

É impossível estudar empresas de valor, sem falar da margem de segurança ensinada por Benjamim Graham. Ele, que inclusive influenciou fortemente o método de escolha das ações de Warren Buffett, fazia uma ampla checagem das empresas que pretendia investir, observando os seguintes aspectos (Graham & Zweig, 2007, p. 407-413):

a) condição financeira segura, exigindo uma liquidez corrente, pelo menos igual a 2. A liquidez corrente facilita a passagem de uma empresa por períodos mais turbulentos e evita que o lucro das atividades seja consumido por despesas de juros elevados, mais comuns em empresas com baixa liquidez corrente, especialmente naquelas que financiam inclusive o capital de giro;
b) estabilidade de lucros por 10 anos, o que indica forte tendência de a empresa permanecer com boas perspectivas por um longo período pela frente, até porque um prazo tão elástico indica que a companhia passou por mudanças econômicas importantes e conseguiu adaptar-se;
c) pagou dividendos nos últimos 20 anos. Uma das formas mais importantes de observar a saúde de uma empresa é o pagamento de dividendos, sinalizando respeito ao acionista e que tem condições de remunerá-lo. O longo tempo de análise, uma vez mais indica a importância que Graham atribui à longevidade de um negócio;
d) o crescimento do lucro em, no mínimo, 1/3 em 10 anos, considerando as médias de três anos no início e no fim, o que indica a preferência por empresas que demonstrem historicamente melhora nos resultados, mas nada abrupto a ponto de a escolha ter que recair em empresas em forte crescimento. Destaca-se, também, a consideração de médias de três anos no início e no fim, evidenciando sua percepção de que eventos de aumento ou diminuição de lucros episódicos devem ser relativizados. Isso porque nenhuma companhia está imune a imprevistos e, em determinadas circunstâncias, esses imprevistos inclusive servem como bom momento para compras;
e) razão preço/lucro da média do lucro dos últimos 3 anos deve ser inferior a 15, revelando a importância que ele dava ao estudo dos indicadores fundamentalistas para decisão de investimento, e como não gostava de pagar caro, ainda que o ativo apresente todo o rol de características para ser um bom investimento. Com efeito, de nada adianta estar diante de uma empresa excepcional se todo o lucro futuro que ela terá ficará com quem lhe vendeu a ação;
f) razão preço/valor patrimonial por ação inferior a 1,5, salvo nos casos de P/L muito baixo, o que demonstra novamente o uso dos indicadores fundamentalistas e a maior importância do P/L sobre o P/VPA para a decisão de investimento, mas não a ponto de desconsiderar totalmente este último. Neste ponto, a multiplicação de ambos os índices deve ser, portanto, inferior a 22,5. Uma empresa com P/VPA acima de 1,5, portanto, pode ser atrativa na medida em que o P/L seja tão baixo que balanceie a multiplicação.

Perceptível é a dificuldade de encontrar, especialmente nos mercados que passam por longo período de alta, empresas com todas essas características ao mesmo tempo, sendo necessário, muitas vezes, abrir mão de algumas delas para que sejam realizadas decisões de investimento. O estudo de todos esses itens considerados por Graham orienta o investidor a diversos aspectos que devem levar em consideração em suas análises e é o que define a margem de segurança para investimentos. A análise vai desde o uso dos indicadores relativos de preço até a atenção ao balanço da companhia.

A margem de segurança pode ser obtida por meio de cálculos mais complexos com uso da matemática financeira e a definição de diversas variáveis para se chegar a um "valor justo" da empresa. Aqui, podemos considerá-la como a compra de ações de uma empresa com um bom desconto em relação ao valor médio do mercado. Isso pode ser constatado com a análise dos investimentos disponíveis no momento da aplicação. O que se considera atrativo para a relação preço-lucro e preço-valor patrimonial por ação depende muito do cenário dos juros, da remuneração paga pelas mais variadas formas de aplicação. Se você detectar uma empresa que tem baixos indicadores em relação à média do mercado e perspectivas semelhantes, é possível concluir que essa é sua margem de segurança, ou seja, a diferença entre o que o mercado está pagando em nível de P/L, P/VPA, DY e PSR por empresas em comparação com aquela que é alvo de seu estudo é um forte indício de qual é sua margem de segurança. Futuramente, são maiores as possibilidades de essa diferença diminuir do que aumentar, independentemente do mercado ser de alta ou de baixa, razão pela qual a seleção de ações com base nesses fundamentos constrói proteção adicional importantíssima para o sucesso nos investimentos.

Esses parâmetros permitem localizar boas empresas até mesmo quando há eventual diminuição no vigor de seus resultados, pois, ainda assim, será possível identificar se continuam abaixo do preço das demais. Acertando uma escolha, muito provavelmente o ganho será suficiente para compensar eventuais erros de avaliação em outros estudos. É fundamental o investidor observar também o balanço, conforme estudado no capítulo anterior, para constatar se os melhores índices relativos não derivam de algum motivo extraordinário.

Graham (Graham & Zweig, 2007, p. 420) selecionava seus investimentos com boa margem de segurança também por meio da compra de ações de empresas com preço abaixo de seu ativo circulante subtraído do passivo total. Estas são difíceis de localizar, sendo mais comuns nos mercados de baixas extensas e contínuas. É como se não houvesse qualquer pagamento a ser realizado pelas instalações fabris e por eventuais outros ativos.

Não obstante, assim como os demais, esse método também não permite saber previamente qual é a primeira empresa que empreenderá forte alta, uma vez que pode haver boa razão para que determinadas companhias estejam extremamente depreciadas, como uma administração incompetente ou um novo produto da concorrência, o que fatalmente não será detectável no relatório da administração.

Como nem mesmo Graham conseguia antever quais compras de ações seriam equivocadas, ele humildemente praticava ampla diversificação, com no mínimo 100 empresas distintas. Dessa forma, com a margem de segurança que tinha em suas decisões, a maioria acabava gerando retornos bastante satisfatórios, compensando eventuais empresas que, com justo motivo, aparentavam falsa margem de segurança.

Embora a expressão margem de segurança possa denotar a existência de operações de cálculos complexas para confirmar qual seria, em termos percentuais, a segurança da decisão ou o ganho possível, a análise não precisa ser perfeita, na casa do centavo, para que ela seja estabelecida. Na realidade, a margem de segurança não é uma operação matemática exata, mas sim um conjunto de características que identificam um ativo como menos arriscado para investimento.

Uma boa forma de localizar empresas seguras se dá, além da visualização dos melhores P/L e P/VPA, na escolha das empresas que dispõem de bastante dinheiro em caixa, o que lhes confere uma série de vantagens para suportarem os diversos cenários da economia. De fato, essas empresas estão mais preparadas para enfrentar crises, pois as próprias receitas financeiras, em momentos de recessão, podem compensar custos operacionais mais elevados, enquanto as demais do mesmo segmento correm o risco de sucumbir à crise. É claro que essa "força" pode não perdurar por muito tempo. De qualquer sorte, empresas com bastante capital em caixa podem pagar os fornecedores à vista, garantindo-lhes melhores condições para negociar descontos. Por conseguinte, obtém-se margens operacionais mais robustas e a opção de vender os seus produtos por preços mais caros, concedendo prazos diferenciados de pagamento.

Além disso, o caixa "tem efeito direto na taxa de desconto. Quanto mais caixa tiver a empresa, menor o risco" (Póvoa, 2007, p. 278), ou seja, quando os analistas especializados em estimar preços-alvo forem calcular o preço que consideram justo, as empresas com maior quantia em caixa sofrerão menor taxa de desconto para os lucros projetados, fazendo o valor presente ser superior, elevando o preço-alvo.

Empresas com alto endividamento e sem perspectivas de mudanças, ao contrário, por mais brilhantes que sejam os seus administradores, têm possibilidades ampliadas de sucumbir quando em um cenário de crise. Isso porque, além das dificuldades inerentes às atividades operacionais nesses períodos, a empresa ainda terá que suprir as despesas financeiras com tais atividades, aumentando a necessidade de lucros operacionais e diminuindo o tempo em que estes poderão estar afetados negativamente.

Warren Buffett, na análise de valor das empresas, incrementou a filosofia de Benjamim Graham e passou a focar seus investimentos "em empresas excepcionais com uma vantagem competitiva durável", além de um preço razoável (Buffett & Clark, 2007, p. 54).

Seu olhar para visualização de empresas de valor, portanto, deixava de ser apenas relativo ao balanço e passava a contemplar também certo subjetivismo na busca da "vantagem competitiva durável". Indiscutivelmente, é algo que exige uma capacidade analítica superior e difícil de ser demonstrada com base nos indicadores de mercado. De qualquer sorte, após a localização da referida vantagem, era necessário que o preço de compra fosse razoável. Portanto, ainda que localizado pelo investidor o que considera como "o negócio da China", é imprescindível a análise do valor.

O investimento com base em ações de valor é o que menos se baseia no futuro para escolha das ações em virtude dos critérios de investimento que são apreciados. Aliás, quando observar uma recomendação de compra apenas com base no futuro, é necessário bastante cautela, impondo-se uma análise a partir de algo que já aconteceu para se ter um mínimo de segurança adicional para constatar se a empresa efetivamente é capaz de entregar o que o relatório promete.

O investimento em empresas de valor ganha realce quando se entende uma simples regra matemática. Se você perder 50% em um investimento, é necessário ganhar 100%, o que evidencia como a perda inicial aumenta bastante a dificuldade de êxito na acumulação de riqueza.

A seleção de empresas de valor também pode decorrer do estudo daquelas que pagam bons dividendos. O pagamento de dividendos, ao longo de alguns anos, quando realizado em razão de lucros recorrentes da atividade operacional, indica grande probabilidade de saúde da empresa. Quando os dividendos são significativos em relação à cotação, há uma grande chance de os demais indicadores fundamentalistas estarem também mais baratos do que a média do mercado. É por isso que se diz no mercado que, nos momentos de tempestades, muitos investidores protegem-se comprando empresas que são boas pagadoras de dividendos. Você pode fazer o mesmo, comprando empresas de valor com boa margem de segurança.

4.2. Empresas de crescimento

As empresas de crescimento são aquelas que exibem taxas robustas de aumento na receita e no lucro, e há fortes evidências de que isso continuará acontecendo. A seleção desse tipo de empresa é também uma forma de decisão de investimento e tem por objetivo inicial o ganho de capital resultante da confiança do mercado no aumento da receita e dos lucros, pouco importando os dividendos distribuídos. A regra é que as empresas com maiores taxas de crescimento distribuam menor quantia de remuneração ao acionista em um momento inicial, dada a necessidade de reinvestir os lucros.

Algumas companhias escolhidas pelos critérios das empresas de valor podem, posteriormente, passar a exibir robusto crescimento. Nesse cenário, o mercado pode começar a valorizá-las ainda mais, embutindo nos preços atuais o crescimento futuro. Esse é um dos maiores ganhos de capital que o investidor pode ter, ou seja, aquele investimento em que se surfa na onda de uma empresa que tinha grande margem de segurança e passa a apresentar forte crescimento, o que vai aos poucos se traduzindo em uma relação preço-lucro mais elevada. O investidor, primeiro, ganha em razão da diminuição progressiva da margem de segurança e, depois, quando os preços passam a embutir o crescimento futuro.

Exemplos recentes no mercado acionário brasileiro são algumas empresas de siderurgia, como a Usiminas. Sua receita e os resultados aumentaram de forma consistente nos últimos seis anos e as ações valorizaram-se mais de 20 vezes nesse período. No início do movimento de alta, seu valor de mercado era ínfimo diante dos valores atuais, e as ações do setor eram desprezadas. Observe no gráfico com cotações ajustadas pelos proventos distribuídos a seguir o aumento da receita líquida e dos preços das ações. No lado esquerdo do gráfico, está a variação da receita por ano; no direito, a escala refere-se às cotações da empresa ajustada pelos proventos distribuídos:

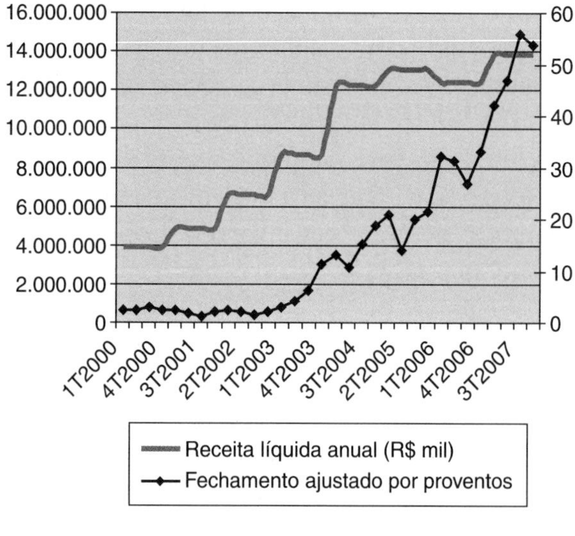

O crescimento, no entanto, tem limite. Não é possível uma empresa crescer em um ritmo alucinante para sempre. Chegará o momento em que ou o crescimento diminuirá ou as margens operacionais poderão ficar seriamente comprometidas. Além disso, há um desafio às empresas que começam a crescer aceleradamente, que é a capacidade de gerenciar adequadamente a ampliação das atividades, afinal, novas pessoas devem estar preparadas para esse momento e o estilo gerencial deve permitir que as decisões sejam tomadas com a necessária velocidade que a empresa precisa para manter o mesmo padrão de lucratividade. Então, é temerário prever com convicção que o simples crescimento da empresa, seja orgânico, seja por meio de aquisições, será suficiente para, em igual proporção, aumentar a lucratividade. Há empresas que se aventuram em novos mercados para os quais não houve preparo suficiente, o que pode acarretar resultados desastrosos, destruindo valor para o acionista. Não basta simplesmente crescer. Há que se agregar, ainda, boa rentabilidade sobre o lucro não distribuído ao acionista.

Há um grande prêmio a receber se você encontrar no mercado empresas com forte crescimento e perspectivas de lucros cada vez maiores ainda não precificados nas cotações desses ativos. Certamente as *small caps* são os ativos mais propícios a estarem nessa situação.

Há casos em que a empresa reinveste o lucro para continuar crescendo. Isso só será positivo e tende a valorizar a empresa se o retorno que ela apresenta sobre o capital investido for superior ao menos às taxas de juros vigentes no mercado financeiro. Por quê? Imagine que a empresa em vez de distribuir R$1.000 em dividendos resolva reinvesti-los e isso gere um lucro adicional de R$80 para você no ano seguinte. Caso a empresa tivesse lhe entregado esse dividendo, você teria como investir o valor sem risco – como em renda fixa de primeira linha – e obter os mesmos 8% (R$80) de lucros adicionais. Assim, para que o crescimento da empresa de fato crie valor para o acionista, o retorno sobre o capital investido deve ser superior ao custo de oportunidade de seu dinheiro.

Damodaran (2006, p. 60) destacou que o custo do crescimento "permite distinguir entre o tipo de crescimento que cria valor e o tipo que pode destruí-lo". Ele lembra ainda, que "um investidor que tivesse comprado ações da Microsoft e da Cisco quando eram pequenas empresas em crescimento teria multiplicado seu investimento por 50 em dez anos". (p. 58)

Por essa razão, o investimento em *small caps* de crescimento acelerado, quando ainda nos momentos iniciais de maturação de seus investimentos, é o caminho que gera uma das maiores valorizações de capital possíveis no mercado acionário. É fundamental estar ciente de que você não irá acertar sempre qual empresa no Brasil se tornará uma Vale do Rio Doce ou uma

Petrobras, mas, por meio da diversificação, tema que será discutido no próximo capítulo, é possível ampliar bastante suas possibilidades.

As ações de empresas em forte crescimento exercem grande fascínio sobre os investidores, que podem tornar seus múltiplos P/L, P/VPA, DY e PSR menos atrativos por embutirem no preço as expectativas quanto ao futuro da empresa. Mas, como visto, nem tudo são flores, pois não há garantias de que todas as empresas de robusto crescimento apresentarão valorização das ações.

Há casos de empresas de crescimento que tiveram um custo tão alto para obtê-lo que não teria valido o esforço, e outras que, em virtude de condições econômicas e de mercado superestimadas, aumentaram precipitadamente a capacidade produtiva com o excessivo dispêndio de capital que, posteriormente, poderá faltar. Muitas vezes isso decorre de mudanças nas condições econômicas, como taxas de câmbio e cenários de alguns setores da economia. Um exemplo de empresa que acabou investindo bastante no crescimento, construindo uma nova unidade industrial, mas foi surpreendida pela mudança do cenário econômico, é a Kepler Weber S.A. Ela construiu nova unidade industrial e logo houve crise na agricultura, que culminou na dificuldade de manter a empresa com o crescimento projetado. A empresa vinha de um bom período de crescimento consistente da lucratividade até 2004. A tentativa de rápida expansão, no entanto, trouxe prejuízo aos acionistas. A simples expectativa de aumento da lucratividade futura da empresa com o novo projeto trouxe suas cotações a níveis bastante superiores. A decepção com os resultados de fato atingidos, ao contrário, fez as ações despencarem, o que foi

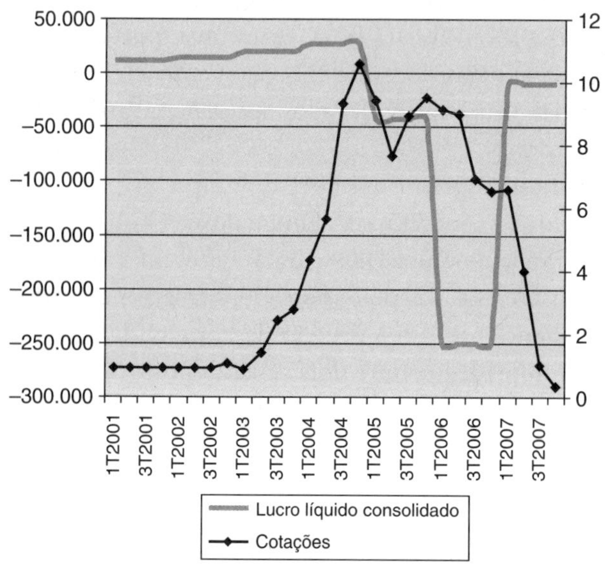

fortemente influenciado com a realização de uma subscrição de ações a preços bem inferiores aos então vigentes no pregão, para evitar que a empresa tivesse um desfecho ainda pior em sua situação. Observe como se comportou o resultado líquido conforme escala à esquerda e as cotações (KEPL3) das ações (escala à direita) entre 2001 e 2007.

Assim, "as perspectivas óbvias de crescimento físico em um negócio não significam lucros óbvios para os investidores". (Graham & Zweig, 2007, p. 25)

Logo, o que parece ser elementar como o "setor do futuro" nem sempre o será de fato e de forma lucrativa. Esses alertas servem para deixar o investidor atento de que existe forte tendência, em mercados de alta e com excesso de confiança, de sobrevalorizar as histórias de crescimento, ampliando ainda mais a distância entre as cotações das ações de empresas com menor crescimento e aquelas de empresas com maior crescimento. O problema se manifestará na primeira queda que o mercado acionário vier a sofrer ou no primeiro sinal de recessão econômica, momento em que toda aquela expectativa absorvida no preço atual da ação pode ser revista. O resultado é um só: forte queda nas cotações e prejuízos para o investidor.

Há outro importante aspecto a ser considerado no tocante às empresas que apresentam alta lucratividade: quando um negócio gera um retorno muito acima do custo de capital, aumenta consideravelmente a possibilidade de incremento da concorrência, o que pode corroer as margens e o lucro no futuro. É evidente que existem empresas que atuam em nichos de mercado altamente especializados ou têm marcas que resistem aos preços baixos da concorrência, mas o problema é que, independentemente dessas características, há uma forte tendência a exageros pelo mercado no otimismo de longo prazo. Essa precaução na hora de estimar um valor razoável a ser pago pela empresa evita as dores de cabeça que ocorrem quando empresas que são negociadas a múltiplos elevados apresentam um pequeno desnível negativo na trajetória.

Isso não significa desprezar as ações de empresas prósperas, com forte aumento das atividades empresariais. Longe disso. O que se deve buscar são empresas com grande potencial de crescimento, mas que essas projeções ainda não estejam precificadas pelo mercado, ou seja, nem todo crescimento é motivo suficiente para uma decisão de compra de ações. É necessário estabelecer um limite de quanto você está disposto a pagar pelo crescimento, afinal, se todo o maravilhoso cenário futuro já estiver embutido no preço, isso apenas reduzirá seu retorno. Caso o mercado precifique uma companhia prevendo que o lucro irá aumentar 50%, não adianta mais você investir nessa empresa se não considerar que o lucro será pelo menos 51% superior.

A estratégia mais adequada, então, consiste em escolher as empresas que apresentam crescimento a um preço razoável. Em inglês, é utilizada a denominação GARP (Growth At A Reasonable Price). Muitos dos investidores que optam por empresas que possuem alto crescimento têm receio de investir naquelas que possuem P/L elevado. O antídoto para minimizar esse risco, então, baseia-se na escolha de empresas com alto crescimento e baixo P/L.

De acordo com Damodaran (2006, p. 65), há duas formas de selecionar um ativo com essas características. A primeira é comprando empresas cuja taxa de crescimento seja superior ao P/L. Assim, uma empresa com P/L 12 e taxa de crescimento de 25% ao ano, pode ser considerada atrativa. Já uma empresa com P/L 40 e taxa de crescimento de 30% não será suficientemente atrativa. Dessa forma, fica claro que olhar apenas o crescimento aumenta a probabilidade de a escolha mostrar-se equivocada futuramente. Assim, "se você comprar essas ações a um preço razoável, o que irá receber como valor decorrente do maior crescimento mais do que cobrirá o valor pago por elas". (Damodaran, 2006, p. 59)

Outra importante forma de calcular se o crescimento previsto para a empresa ainda permite boa probabilidade de êxito no investimento se dá por meio da divisão entre o múltiplo P/L pela taxa esperada de crescimento, o que é denominado índice PEG. Quanto menor o índice, melhor. Essa relação indica o quanto está sendo pago pelo crescimento, oferecendo, então, a possibilidade de se criar um ranking para que o investidor possa estudar as empresas disponíveis para investimento.

Para calcular corretamente o indicador, é necessário utilizar o P/L de forma padronizada, adotando o mesmo período, ou seja, ou o P/L passado, ou o futuro, sendo mais interessante e menos suscetível a erros adotar o P/L passado – lucro dos últimos quatro trimestres. A taxa de crescimento também é outra fonte de preocupação, especialmente no Brasil, em que poucas são as empresas que têm suas taxas esperadas de crescimento do lucro divulgadas e, menos ainda, quando se trata de *small caps*. Isso pode ser ótimo para o investidor diligente. Grandes oportunidades estão aí para serem localizadas. Enquanto muita gente fica admirando as empresas com enorme liquidez, a maior pepita pode estar escondida em uma empresa sem expressão no mercado, por enquanto. Isso não ocorre apenas no Brasil. Também nos Estados Unidos há empresas *small caps* sem cobertura e investidores como Peter Lynch agradecem.

Uma solução alternativa que serve de base para projetar o crescimento do lucro futuro é partir do incremento da lucratividade apresentada no último balanço, constatando as causas e estudando se seria possível manter o crescimento ou ampliá-lo. Pode ser o caso de verificar as condições macroeconômicas, a demanda do segmento da economia, eventuais pressões de custo e os projetos da própria empresa que começarão a apresentar lucros. É interessante verificar o crescimento da receita, pois não parece crível que uma empresa continue por longo período tendo crescimento do lucro sem um correspondente aumento da receita.

O Morgan Stanley fez um estudo nas bolsas dos Estados Unidos e do Canadá, entre 1986 e 1988, e constatou que as empresas com menor índice PEG ofereciam rendimentos bastante superiores ao do S&P 500 (Damodaran, 2006, p. 67). As empresas que representavam os 10% menores índices PEG tiveram retorno anual de 18,7% no período, enquanto o mercado valorizou-se a um ritmo anual de 16,8%.

Em vários estudos constata-se que há empresas com riscos muito superiores entre aquelas com os melhores índice PEG, ainda que com melhores múltiplos da análise fundamentalista. Esses estudos, no entanto, costumam admitir que os desempenhos dessas ações de risco superior acabam, no conjunto, sendo superiores à média. No próximo capítulo, o tema risco para composição da carteira será discutido.

É muito mais fácil encontrar empresas com crescimento elevado em mercados emergentes, até pela lógica da quantidade de obras e serviços que ainda devem ser efetuados para melhorar o bem-estar da população desses países. Mais uma oportunidade, portanto, para o investidor brasileiro. Vale lembrar, por fim, que a identificação do que se considera como crescimento elevado varia, também, conforme o período por que passa a economia do país e as particularidades de cada setor.

4.3. Empresas em situação especial

No mercado acionário existem diversas empresas que enfrentam situações difíceis, o que as torna totalmente desprezadas para fins de investimento por quase a totalidade dos investidores. Muitos não se sentem confortáveis em aplicar seu capital em companhias que não apresentam claramente a margem de segurança ensinada por Graham ou perspectivas evidentes de crescimento. Podemos denominá-las como empresas em situações especiais ou *turnarounds*.

Aliás, o investidor que esteja disposto a pesquisar o tipo de empresa para investimento que será aqui comentado deve estar ciente de que esta é a mais difícil de ser identificada, exigindo certa experiência, o uso de indicadores corretos de avaliação e diversificação adequada, dada a dificuldade de acerto.

Você perceberá que empresas cujo valor de mercado caiu bastante, denominadas por Damodaran (2006, p. 3) "ações perdedoras", geralmente são empresas com graves problemas como "administradores incompetentes, dívidas demais e outras, ainda, cometeram deslizes estratégicos". O principal argumento para o investimento é o fato de as cotações estarem no chão, com pouco espaço para novas quedas. Mas nesse aspecto não se pode ignorar a máxima segundo a qual nada está tão mal que não possa piorar; há que se ventilar até mesmo a possibilidade de falência, que resultaria na perda de 100% do capital investido.

O fato é que diversas são as empresas em situações especiais cujas cotações caíram tanto que podem fazer valer a pena estudar se por aquele preço não se tornam atraentes. Bastante adequada a lição de Graham (Graham & Zweig, 2007, p. 564), segundo o qual "um preço suficientemente baixo pode tornar um papel de qualidade medíocre uma oportunidade de investimento sensata, contanto que o comprador esteja informado, seja experiente e pratique diversificação adequada".

Afinal, a decisão de investimento deve considerar a relação entre o preço e o valor. Muitas vezes o valor pode não ser significativo, mas o preço pode ser ainda mais desprezível. Essa estratégia é parecida com a de comprar ações por terem caído muito. São os investidores do contra, que podem considerar que o preço da ação bateu no fundo do poço, pois "acreditam que uma ação que tenha perdido de 80% a 90% de seu preço no pico tem muito mais chances de ser uma pechincha". (Damodaran, 2006, p. 84)

A estratégia do contra, um pouco diferente da análise do investimento com base no valor de empresas em situações especiais, embora muitas vezes termine por escolher as mesmas empresas, atrai especialmente investidores que não costumam analisar os balanços quando vão investir, o que aumenta consideravelmente o risco de perdas. O pressuposto básico dessa estratégia resume-se a uma rápida olhada nas cotações durante um longo prazo e chegar à conclusão de que se ela já valeu 10 vezes mais, por que não haveria de voltar a valer aquilo tudo de novo?

No entanto, não é exatamente este o melhor método para comprar ativos em situações especiais. Essa estratégia de "investimento" apenas porque o preço está baixo demais muitas vezes não tem um final feliz, pois as escolhas acabam recaindo em empresas que não transmitem qualquer sinal de que seu precário estado patrimonial e de resultados possa mudar.

Essa é, sem dúvida, a mais polêmica das razões de investimento. Muitos investidores famosos que acumularam fortunas desprezaram totalmente empresas sem histórico de lucratividade por um longo período. Com base nesse critério, jamais investiriam em *small caps* que podem estar dando a volta por cima.

No entanto, há aqueles que também ficaram milionários com base nessa escolha, como Peter Lynch e até mesmo Warren Buffett – muito embora deva-se, neste caso, enaltecer a enorme capacidade de enxergar margens de segurança onde poucos conseguem. A grande chave do sucesso é a capacidade analítica de antever a melhoria da empresa.

Há diversas empresas que estão em má situação em razão de um passado de decisões equivocadas ou por forças econômicas difíceis de serem desvencilhadas. No entanto, algumas podem começar a melhorar seu desempenho ao apresentarem lucro antes das despesas financeiras, o que costuma ser o maior entrave a ser enfrentado. É fundamental, então, antes de se aventurar nesse tipo de investimento, verificar se as operações atuais são lucrativas, se há possibilidade de crescimento da receita e do lucro antes dos juros, da amortização e do imposto de renda, e se, ao menos no médio prazo, o resultado da atividade será suficiente para cobrir as despesas financeiras correntes. Deve-se estudar, também, como a dívida está estruturada. As dívidas menos onerosas costumam ser as tributárias parceladas segundo o Refis ou o Paes, programas de refinanciamento fiscal com a incidência de taxas de juros menores e com maiores prazos para pagamento.

Percebe-se, portanto, a dificuldade que é sair-se bem nessas escolhas, pois acreditar que as empresas sobrevivam com tantos fatos negativos exige a capacidade de correr riscos. No entanto, esses riscos devem ser calculados. A grande motivação para o estudo de empresas em situações especiais consiste no fato de o acerto na compra de suas ações render valorizações de capital surpreendentes, sem dúvida as maiores que ocorrem no mercado em pouco espaço de tempo, especialmente se o investidor acertar na escolha de empresas que, embora aparentando estarem a caminho da falência, conseguem retomar os negócios.

Os principais indicadores a serem observados não são os tradicionais Preço/Lucro e Preço/Valor Patrimonial por Ação. Aliás, limitando-se a eles, você jamais chegaria perto das ações de empresas em situação especial, porque é quase certo que a totalidade, se não mais, do lucro operacional será consumida para o pagamento de despesas financeiras. O que deve ser observado, então, é a relação preço-Ebitda e preço-faturamento, comparando esses indicadores com empresas do mesmo segmento.

Haugen (2000, p. 56) considera que uma empresa com pouco lucro atual "pode parecer cara se compararmos seus lucros ao preço, mas se observarmos a relação entre as vendas (por ação) e o preço ou entre o valor contábil e o preço, a ação será vista como barata no mercado".

Após classificar as melhores nesses quesitos, então, deve-se observar, entre as opções, quais são aquelas que estão apresentando evolução na comparação trimestral dos resultados e com dívidas que um dia poderão ser quitadas. Essas empresas são relevantemente suscetíveis a notícias do mercado e, em muitos casos, teriam poucas chances de, apenas com suas condições operacionais, voltarem a apresentar lucro líquido. São necessárias notícias de impacto, como uma renegociação de dívida com forte redução do passivo nominal ou, então, um novo negócio extremamente promissor, desde que ainda seja possível amortizar a dívida financeira. Uma empresa que anunciou recentemente a renegociação de dívidas foi a DHB Indústria e Comércio S.A. Observe no gráfico das cotações da companhia do período entre 2001 e 2007 como as empresas em situações especiais podem proporcionar retornos surpreendentes. Se você tivesse investido R$10.000 em meados de 2004, teria terminado o ano de 2007 com mais de R$1 milhão:

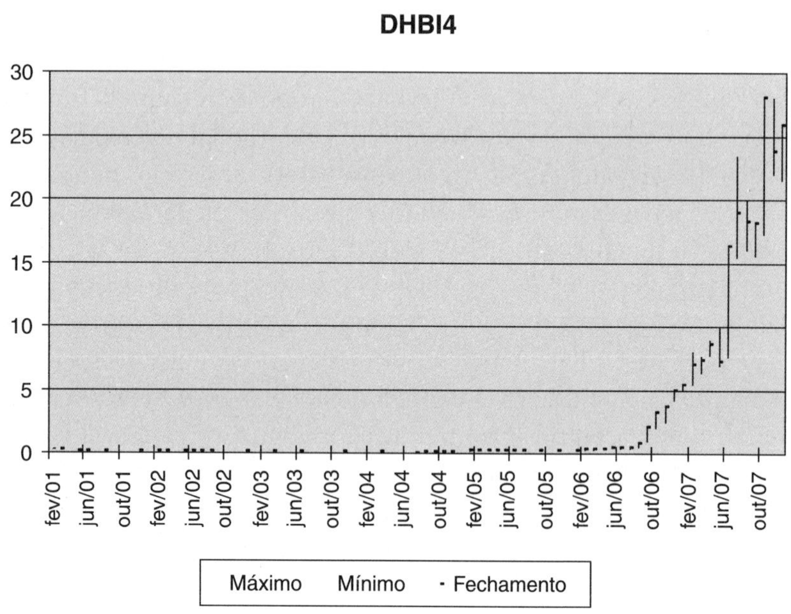

O anúncio de um novo plano de refinanciamento de dívidas tributárias a serem quitadas com base no faturamento é também um fato bastante apreciável para as empresas em dificuldade financeira. Foi o que aconteceu com diversas empresas brasileiras quando da instituição do citado Refis, que permitiu a melhora do gerenciamento do passivo. Isso porque muitos passivos tributários vencidos, classificados para pagamento no curto prazo, ganharam prazos bastante elásticos em determinadas situações superiores a 30 anos. Um benefício como esse pode ser o suficiente para algumas empresas voltarem a planejar suas atividades, crescer e apresentar lucros.

Outra grande forma de ganho com essas ações advém da negociação com empresas maiores, especialmente se as empresas estiverem inseridas em uma cadeia produtiva com a capacidade de produção totalmente utilizada. Como o mercado precisa responder rapidamente ao acréscimo da demanda, empresas com capacidade ociosa têm a oportunidade de produzir para terceiros.

É fundamental o investidor verificar se o erro que levou a empresa a uma situação delicada pode ser corrigido. Merecem especial atenção aquelas que estão com resultados momentaneamente ruins por decisões que podem ser revertidas, até porque, quanto pior for a projeção de um cenário futuro pelo mercado, melhor ele acabará sendo. Assim como há excessivo otimismo no mercado em relação a algumas companhias, em relação a outras o mercado simplesmente vira as costas. Isso é cíclico.

Há um longo caminho entre o início da recuperação de uma empresa e o aparecimento do lucro líquido. A decisão sobre o momento de comprar as ações determina quanto de lucro você pode ter e qual é o risco que irá correr. No início, há apenas indícios, como um aumento do faturamento, uma pequena redução de custos e, eventualmente, algumas reduções de passivo. No decorrer do tempo, eventuais reestruturações vão ganhando corpo e torna-se cada vez mais evidente que a empresa, de fato, conquistará um desempenho superior sustentável. À medida que aumentam as expectativas em relação a essas evidências, mais as cotações sobem, acompanhando a possibilidade de concretização com sucesso da virada empresarial, portanto, quem compra antes corre riscos maiores, mas pode ganhar mais; quem deixa para comprar somente após as confirmações de melhora, certamente pagará mais, até porque a empresa começa e se tornar menos suscetível a uma nova deterioração de seus fundamentos.

Considerando a dificuldade de acerto em ativos desse tipo, dado o risco sempre presente de não haver a continuidade da recuperação, jamais invista todo seu capital em uma empresa *turnaround*. Você pode nunca mais querer voltar a investir em ações; isso se conseguir amealhar novos recursos para tanto no caso de sua escolha mostrar-se equivocada, com a perda de 100% do investimento em eventual falência da empresa.

Mas, diante dessa possibilidade de perda, há que se considerar os diversos *turnarounds* que deixaram muita gente milionária no mercado, como ocorreu com Lojas Americanas S.A., Plascar Participações Industriais S.A., Minupar Participações S.A. e DHB Indústria e Comércio S.A. Nesses casos, a alta não se limita a 100%, como é o caso das perdas. Não! Estamos falando de 5.000%, 10.000%. Quem comprou essas empresas no fundo do poço, e não as vendeu cedo demais, ganhou muito dinheiro e sabe quantos erros são pagos com apenas um acerto.

Cabe ao investidor, então, analisar se está disposto a desprezar totalmente essas possibilidades de retornos expressivos em nome da segurança ou utilizar-se de técnicas adequadas de escolha e estratégias vencedoras.

As empresas com pior gerenciamento, em situações especiais, são também aquelas que possuem o maior valor de controle. Isso se deve ao fato de que a alteração dos administradores e, conseqüentemente, dos métodos de gestão, podem proporcionar resultados fantásticos. Por isso, muitos investidores preferem a compra de ações ordinárias em vez das preferenciais quando se tratar de empresas que precisam dar uma guinada no gerenciamento.

Damodaran (2006, p. 103) enumerou uma série de observações que podem melhorar a visibilidade de oportunidades de investimento nas empresas em situações especiais: mudança na administração, quando os novos gestores se mostram dispostos a admitir e corrigir as falhas da administração anterior e possuem a capacidade para solucioná-las; reestruturações, inclusive com alienação de ativos que não geravam retornos satisfatórios e/ou aquisição de outros que geram bons resultados, melhorando o mix de negócios; investidores ativistas, como fundos de pensão e até mesmo investidores individuais que exigem mudanças na administração; sobrevivência, baseado na escolha de ações com endividamento administrável, a fim de assegurar a manutenção das atividades pelo tempo necessário para maturação de eventuais mudanças; tendência de lucratividade, que se refere à escolha de empresas que já tenham apresentado o último resultado trimestral com lucro.

Porém, o investidor não deve ser excessivamente otimista quando localiza um primeiro resultado trimestral positivo após um período de prejuízos, pois nem sempre isso significa que os próximos resultados trimestrais serão igualmente positivos.

Você, então, deve acompanhar, investir aos poucos e sempre ficar atento às divulgações de resultados, pois serão eles que darão a direção das cotações até que um novo balanço ou fato relevante seja publicado.

Muitas das empresas selecionadas em situação especial têm, inclusive, patrimônio líquido negativo, ou seja, caso encerrassem a atividade, provavelmente não quitariam sequer o passivo, deixando o acionista de bolsos vazios. No entanto, vários casos de *turnarounds* aqui citados referem-se a empresas com passivo a descoberto. O foco é a existência de evidências de que a empresa conseguirá reverter esse fato. É importante observar isso para entender que essa situação ocorreu até mesmo com a Gillette que, por um curto período, teve patrimônio líquido negativo, antes de ninguém menos que Warren Buffett comprar parte de suas ações. (cf. Hagstrom, 2008, p. 82)

Aliás, muito embora seja mais fácil encontrar referências a Warren Buffett destacando sua busca por companhias que representam segurança nos investimentos e longo período de lucratividade pregressa, por diversas vezes o megainvestidor comprou empresas na categoria "situações especiais", que enfrentavam eventuais situações complexas. Dada sua alta capacidade de visualizar um cenário futuro melhor, em 2002 comprou o negócio de vestuário da falida Fruit of the Loom (Hagstrom, 2008, p. 119), quando o preço ficou atraente em razão de problemas que entendeu superáveis. É difícil para um simples mortal encontrar margem de segurança em uma empresa em estado falimentar. Apesar das altas dívidas – mais de US$1 bilhão – e problemas com fornecedores, consumidores e varejistas, Buffett se interessou porque a empresa tinha uma "marca muito forte, que ofereceria potencial de crescimento sob a gestão certa e a chegada de um homem montado em um cavalo branco" (Hagstrom, 2008, p. 120). Ou seja, ele acreditou em diversos aspectos que devem ser analisados na aquisição desses ativos: o primeiro deles foi na mudança da gestão, que reestruturou a empresa e reduziu custos, como fretes, horas extras e melhorou a administração dos estoques, além de eliminar linhas não lucrativas (p. 121). Mais um aspecto fundamental foi a quitação de dívidas com desconto de 50% do valor nominal. Enfim, um típico caso de aquisição de sucesso. É importante destacar que, como é um investidor ativo, Buffett chega a fazer parte do Conselho de Administração das empresas que adquire participação acionária, isso quando não compra a empresa inteira. Acertadamente, facilita a mudança de postura no gerenciamento de suas companhias, algo que você, comprando poucas ações, não conseguirá fazer sozinho.

Richard Thaler e Werner Debondt (Paulos, 2004, p. 111) estudaram o desempenho das cotações das empresas no mercado acionário de Nova York, de 1930 a 1970, ao selecionarem as 35 empresas com maiores retornos e as 35 com piores retornos anuais. Depois de 3 a 5 anos, as empresas que tiveram retornos medíocres apresentavam melhores valorizações do que o grupo das vencedoras.

Conforme Paulos (2004, p. 111), Tom Peters realizou pesquisa, que consta em seu livro *In Search of Excellence*, em empresas que poderiam ser consideradas excelentes, baseando-se em indicadores diversos e índices fundamentais. Michele Clayman fez a mesma pesquisa, só que ao selecionar as empresas "execráveis". Cinco anos depois, os dois grupos foram pesquisados e "novamente constatou-se uma regressão à média, com as empresas execráveis saindo-se muito melhor do que as excelentes".

Essas evidências incentivam o investidor a pesquisar também as empresas em situações menos favoráveis, sendo interessante o estudo do fenômeno denominado "regressão à média". Ele explica a razão pela qual o desempenho excepcional de uma empresa acima da média não durará para sempre.

De igual sorte, resultados negativos extremos podem não ser eternos. O estudo mostrou, então, que há uma tendência de as empresas, após períodos muito positivos, retornarem às médias. A regressão à média ocorre, então, quando se dissipam os contundentes motivos que geraram a reação exagerada do mercado, para maiores ou menores variações das cotações.

É claro que isso não se aplica a toda e qualquer empresa, mas é um fenômeno que deve ser conhecido pelo investidor na hora de realizar suas escolhas. A melhor maneira de diluir esse risco, após uma análise apurada das possibilidades de êxito, se dá por meio da diversificação, que será objeto de estudo específico no capítulo que trata das estratégias.

A dificuldade primordial que os investidores encontram ao escolher *turnarounds* certamente decorre da probabilidade bastante superior de o investimento não ser exitoso quando comparada às escolhas feitas pela seleção conforme fundamentos de valor seguro. Um investidor mais curioso indagaria: por que escolher um ativo como esse, de uma empresa que pode até falir, se tenho a opção de selecionar empresas com histórico confiável? A questão se responde pela possibilidade do retorno. É como se a possibilidade de ganhar 2.000%, por exemplo, seja de 8%, e a possibilidade de perder tudo fique em 50%. Outros 32% seriam referentes à hipótese de tudo permanecer como está, sem grandes variações nas cotações. Em determinadas circunstâncias, o investidor costuma focar apenas a grande possibilidade de perda, quando localiza um ativo em situação real de virada nos resultados, porém uma conta simples pode revelar melhores probabilidades: 2.000% vezes 8% é igual a 160%. Ou outros 50% de chance de cair 100% representam uma diminuição de 50%. O resultado é a média de 110%. O ganho resultante do cálculo é bom e compensa a possibilidade de baixa, mas uma ressalva é fundamental: invista quantias menores nesse tipo de empresa, e de forma diversificada, caso sinta-se à vontade, de modo que eventuais perdas não sejam suficientes para abalar o retorno de seus investimentos. Os ganhos de 2.000% são suficientes para que pequenas quantias de aplicação em uma carteira resultem em ótimo retorno médio.

É elementar que não se trata de um trabalho simples imaginar quais são as possibilidades de êxito ou não na escolha, mas o resultado, sendo positivo, mais do que compensa.

Deve-se alertar, ainda, que as empresas em situações especiais formam o típico palco dos boatos do mercado, e o investidor deve estar bastante atento para decidir no que acreditar. Quando há incertezas, o ser humano mentaliza e cria possibilidades e a cotação do ativo no mercado reage diante dessas expectativas. O tempo pode fazer as expectativas esfriarem e novos fatos podem melhorar as projeções do mercado ou decepcionar os investidores. Exemplo típico foi o ocorrido com as ações preferenciais da Telebrás, movimentada por boatos com mais vigor a partir de dezembro de 2007. Observe a variação de preços que notícias podem gerar nas cotações, e como as ações recuam após o "esfriamento" destas:

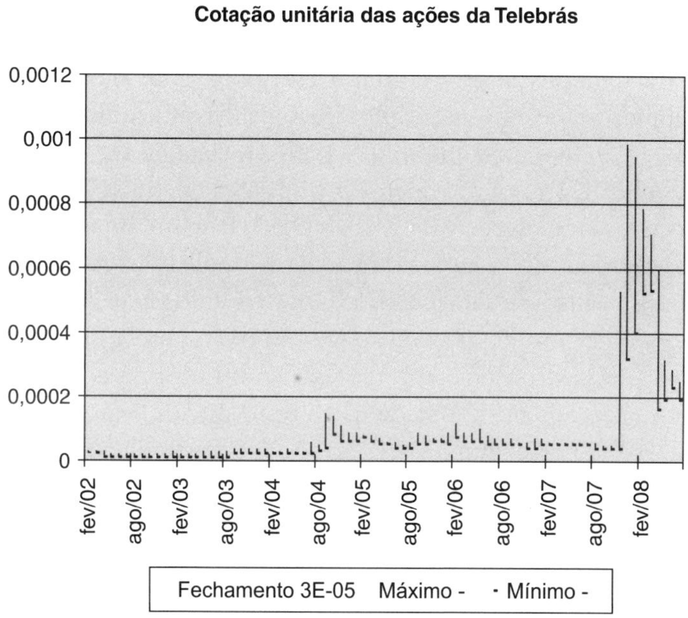

Como afirmado desde o início, o investimento nas empresas em situações especiais é dos mais difíceis e complicados, mas o retorno pode ser diretamente proporcional ao esforço e à dedicação do investidor no estudo desses ativos. Que o digam alguns bilionários como Peter Lynch, Warren Buffett, dentre outros!

CAPÍTULO

5

Riscos dos Investimentos e Estratégia para Minimizá-los

5.1. Risco depende de conhecimento

A maior associação que há entre o mercado acionário e as demais formas de investimento diz respeito ao risco. O risco é colocado como o maior fator impeditivo para muitas pessoas ingressarem no mercado de capitais. É o pavor de perder dinheiro. Muitos têm a sensação de estar totalmente protegidos dos dissabores das quedas de preços das ações e, portanto, da desvalorização da quantia de capital disponível, optando pela poupança ou pelos fundos de renda fixa. Com efeito, a poupança é quase sempre associada ao tipo de investimento menos arriscado. Como mencionado no Capítulo 1, tudo depende do ponto de vista. Considero arriscado perder da inflação e hoje a poupança não é mais indexada a índices de preços. Vejo risco, então, em aplicar na poupança, visto que ela não garante sequer a correção monetária do capital investido, isso sem falar dos planos econômicos elaborados nas décadas de 1980 e 1990, uns expurgando índices inflacionários, outros bloqueando o capital aplicado na poupança.

Hoje, a renda fixa tem os títulos que compõem a carteira de um fundo de investimento marcada a mercado, ou seja, dependendo do fundo, sofre com as oscilações do mercado futuro de juros. Alguns certamente recordam-se do ano de 2002, em que foi obrigatória essa forma de contabilização da cota dos fundos. Muitos perderam 5% do valor da cota de um dia para outro. Certamente, esses fatos são desconsiderados quando as pessoas afirmam que evitam o risco por meio das citadas formas de investimento.

Zweig (Graham & Zweig, 2007, p. 571) definiu com maestria o grande risco do mercado acionário, estabelecendo que não é exatamente o tipo de investimento que é arriscado, mas sim o comportamento do investidor, concluindo que "se você desejar saber o que é realmente risco, procure o espelho mais próximo. O que olha de volta para você é o risco".

No mesmo sentido é o pensamento de Tier (2005, p. 29), ao estabelecer que "o risco é relativo de acordo com o conhecimento, a compreensão, a experiência e a competência – riscos dependem do contexto".

Veja o exemplo do alpinista que se prepara para alcançar o cume de uma montanha ou do médico, para uma cirurgia de "alto risco". Nos dois exemplos, uma pessoa sem qualquer preparação, no primeiro caso, teria grande probabilidade de se acidentar e, no segundo, de provocar a morte de uma terceira pessoa. O cirurgião, no entanto, dirá que é muito mais fácil realizar a cirurgia do que chegar ao cume da montanha, enquanto o alpinista falará o contrário. No exemplo, fica evidente que a percepção do que é arriscado depende mais da preparação e do conhecimento prévio do que do fato em si. O importante é estar preparado para o fato, e não apenas evitá-lo. O maior risco no mercado de ações ocorre em razão das facilidades de negociar, fazendo com que as pessoas considerem-se precocemente preparadas e suficientemente conhecedoras de vários aspectos que permeiam as decisões.

O caminho do sucesso nos investimentos passa pela análise do que se está fazendo. No momento do pregão, novos sentimentos vão estar presentes e dificultar a tomada de decisão. É nesse instante que surge o risco de um ato segundo não uma análise racional, mas sim conforme o calor emocional que palpita durante o piscar das cotações na tela do computador. Sem a devida preparação e o estudo, quando seu racional não mais comandará suas ações, pode-se facilmente ingressar no cenário dos investimentos especulativos. Isso, sim, é arriscado. O investidor que estudou previamente o papel, verificou a contabilidade da empresa, seu provável cenário futuro, mediu a cotação em relação a seu valor e aplicou ou reservou quantia de capital adequada, estará preparado para, no momento do pregão, saber se é a hora de comprar ou de vender um papel. Afinal, sem esse estudo, sem essa bússola, você não saberá se fez um bom negócio. Quem segue apenas preços, e não valor, depende muito mais da sorte de encontrar um terceiro que opere do mesmo jeito, sustentando as cotações de determinadas ações.

Os investidores brasileiros que ingressaram nos últimos dois anos no mercado de capitais têm visto a bolsa subir ano após ano e as pequenas quedas de curto prazo são logo seguidas de novas altas com recordes históricos. Nisso está o perigo: o de achar que qualquer pequena queda traduz-se em um bom momento para comprar papéis de empresas badaladas, especialmente do setor de commodities, no momento atual.

O primeiro grande passo do investimento de sucesso é a descoberta dos aspectos que desconhece ao tomar suas decisões. Isso lhe dará a base para definir o que sabe e o que precisa aprender. Na seqüência, o investidor terá aprendido e passará a tomar suas decisões automaticamente, como acontece quando se estabelece uma rotina.

Não há como pular o estágio do aprendizado, logo, o ideal é começar investindo aos poucos no mercado para você se conhecer, verificar as reações que tem tanto quando o investimento é bem-sucedido, quanto no momento em que nada dá certo.

O investidor deve precaver-se da incompetência inconsciente, que é a denominação daquilo que o investidor não sabe que não sabe. Isso é extremamente perigoso, especialmente se o investidor de primeira viagem obtiver êxito na primeira operação. Este poderá considerar que dominou a técnica, e, por isso, repetirá o procedimento, e, "para sua enorme surpresa, perderá dinheiro a rodo". (Tier, 2005, p. 31)

A prática adquirida por meio da experiência tornará o investidor apto a ampliar os investimentos que pareçam arriscados ao olhar leigo. Talvez até por isso tanta gente tenha temor em investir em *small caps*. É provável que o maior problema seja a falta de capacidade de alguns investidores chegarem a conclusões sozinhos, de forma satisfatória. Por isso, dependem de relatórios de analistas ou corretoras, que dificilmente se voltam para as empresas *small caps*. Ainda mais rara é a hipótese de você ser o primeiro a receber informações sobre uma grande oportunidade, o que lhe permitiria comprar um ativo pelo preço anterior à valorização subseqüente à divulgação da notícia ao mercado.

Volto a insistir que o investidor irá efetivamente se conhecer com maior amplitude quando estiver diante de sucessivas quedas na bolsa. Saberá, então, até que ponto sua estratégia foi adequada, os riscos foram mitigados e se terá pernas para caminhar após a tempestade.

O conhecimento é a chave para o primeiro grande princípio da gestão do capital, que é a sobrevivência. Ela é fundamental nas decisões sobre quanto investir em cada empresa dos mais variados tipos, conforme o conhecimento e a experiência que se têm. Alexandre Elder (2004, p. 17) considera que se deve aprender a controlar as perdas, sendo fundamental investir pequena fração do patrimônio a cada negociação.

Cuidado para não confundir o conhecimento sobre os métodos para determinar a atratividade das ações com a competência para passar por provas destinadas à obtenção de certificados do mercado de valores mobiliários. Isso não significa necessariamente capacidade para ter sucesso nos investimentos, uma vez que o conhecimento teórico nem sempre funciona quando as emoções impedem que as melhores decisões sejam tomadas. Aliás, segundo Tier (2005, p. 195), Buffett e Soros sequer possuíam referidos certificados. Além do conhecimento teórico, você deve adquirir hábitos e estratégias mentais condizentes com retornos positivos no mercado acionário.

O conhecimento da análise de valor das empresas mitigará os riscos e o levará a tomar decisões muito diferentes daquelas habitualmente sugeridas pelos participantes do mercado acionário, habilidades estas que nenhum certificado lhe garantirá. Aliás, é muito provável que as oportunidades de compra ocorrerão quando todos estiverem apreensivos em relação ao futuro da bolsa e as oportunidades de venda surgirão quando muitos considerarem que é impossível estar fora dos investimentos em ações. Lembre-se, mais uma vez, do que se recomendava durante o período que antecedeu a eleição do presidente Luis Inácio Lula da Silva e verifique quanto deixou de ganhar quem não entrou naquele momento de "extremo risco", no qual a bolsa estava abaixo dos 10 mil pontos medidos pelo Ibovespa.

5.2. Risco – margem de segurança

O risco é objeto de intensos estudos para melhor defini-lo e mitigá-lo nos investimentos. O sonho de todo investidor é encontrar uma opção de investimento com risco mínimo e retorno máximo.

A teoria moderna do portfolio define o risco conforme a volatilidade dos preços das ações. Essa volatilidade é denominada *beta*. Se uma ação oscila o dobro de determinado índice, como o Ibovespa, ela possui beta 2. Se oscilar a metade, o beta é 0,5. Em caso de variação inversa, o beta é negativo.

No entanto, esse conceito de risco não é muito bem aplicável ao investimento em valor. Caso o mercado venha de uma longa queda e determinado ativo se desvalorize em percentual equivalente à queda do índice de referência, ele poderá ser escolhido se passar nos demais critérios de análise de valor, uma vez que apresenta variabilidade normal. O problema é que se a queda da cotação da ação específica for o dobro da variação do índice, esse ativo passa a ser considerado arriscado, quando, na realidade, é o contrário. Quanto menor o preço pago pela empresa, menor o risco associado. Para o longo prazo, o risco diz respeito, então, à composição da carteira com ações caras e não necessariamente de acordo com o beta. Warren Buffett segue essa linha de raciocínio, percebendo as oportunidades que as quedas de preços geram. "Em seu raciocínio, portanto, uma redução no preço, na verdade, reduz o risco" (Hagstrom, 2008, p. 205). Ele conclui que: "nunca fui capaz de entender por que é mais arriscado comprar US$400 milhões em propriedades por US$40 milhões em vez de US$80 milhões". (Graham & Zweig, 2007, p. 592)

Portanto, o risco está intimamente ligado à qualidade das escolhas. Ao contrário do que se prega, não é obrigatório correr risco alto para obtenção de bons resultados. Os melhores retornos costumam estar nas opções que representam os menores riscos, dado o potencial de ganhos possíveis. As decisões de investimento devem sempre verificar a relação custo-benefício.

A possibilidade de erros existe em qualquer decisão, do que deriva o risco. Evitar o risco a todo custo seria quase como não tomar decisões. O investidor então deve procurar por empresas boas e também baratas. A busca de ações deve focar as alternativas que não contemplem, em seus preços, expectativas de forte crescimento. O grande risco neste caso é quando essas expectativas não são confirmadas, gerando fortes quedas das cotações.

É recomendável fazer uma checagem prévia de diversos requisitos do investimento pesquisado. Em várias profissões é necessária uma série de procedimentos de segurança e dinâmica no trabalho. Há, nesses casos, importantes métodos de controle da qualidade sobre o que está sendo realizado. Muitos investidores fazem isso em seus empregos e se esquecem de fazer o mesmo quando se trata de investir o próprio capital. Talvez imaginem o investimento como uma partida de futebol, em que se escolhe uma ação e passa-se a torcer durante o pregão. Escolhida a ação, não adianta torcer. Isso não influenciará o desempenho das cotações.

As pessoas contratam seguro para veículos, casas, de vida, de saúde. Essa mesma precaução deve estar presente também na hora de fazer seus investimentos, uma vez que não há garantias para as ações. Se caírem, seu corretor não lhe dará o dinheiro de volta. Não há como comprar uma ação apenas porque parece que ela irá subir. A escolha de boas ações para compor uma carteira com margem de segurança interessante é a parte da qual você tem controle e poder de decisão. O que o mercado fará logo em seguida, se haverá quedas nas cotações ou altas, diz respeito a acontecimentos dos quais o investidor não poderá exercer qualquer influência. Cabe-lhe, então, preparar-se para essa realidade, defendendo o capital de forma adequada, inclusive com diversificação de suas aplicações em diferentes tipos de investimento.

O segredo é buscar opções que ainda guardam possibilidades generosas de aumento das cotações, e não seguir comportamentos de manada, que levam os preços aos extremos. Nenhum investidor é capaz de eliminar o risco de errar. A melhor maneira de se proteger dos erros é por meio da "margem de segurança", que consiste em não pagar caro demais, ainda que o investimento seja muito atraente.

Você deve buscar a margem de segurança especialmente na compra de empresas que consigam compreender seus fundamentos. Quando você encontra um produto em liquidação em uma loja de confecções, por exemplo, consegue estabelecer se o preço está barato, não precisando valer-se de cálculos complexos para reconhecer a oportunidade. O mesmo pode acontecer em relação a uma empresa que o investidor conheça bem. Assim, será muito mais fácil estabelecer se há margem de segurança.

Segundo Hagstrom (2008, p. 168), a margem de segurança protege-o do risco de queda do preço, evitando a compra de ações de empresas que não oferecem segurança suficiente de que possuem espaço para empreender altas, ou seja, já estariam próximas do preço justo. Além disso, caso a margem de segurança seja de 40%, por exemplo, mesmo que haja um erro superestimando o valor justo da empresa em 20%, ainda sobrariam outros 20% de margem. A margem de segurança, então, minimiza os erros de avaliação.

5.3. A estratégia é individual

Cada ser humano é diferente, tem suas preferências, habilidades e variados potenciais a explorar. Em razão disso, o investidor deve adotar uma estratégia adequada a seu perfil. A trajetória e o método utilizado para selecionar o investimento devem deixá-lo confortável, não afetando sua vida diária. Por exemplo, se você considera que deve concentrar seu investimento em poucas empresas, e o capital colocado em risco em cada escolha lhe deixa atordoado, com receio de que a queda nas cotações de um único ativo seja suficiente para acabar com seu humor, provavelmente a ampliação da diversificação é uma sistemática a ser estudada. Caso aconteça o contrário, você fica insatisfeito quando fez uma boa escolha, mas aplicou pouco capital em razão de uma diversificação muito ampla, é o momento de avaliar a concentração, embora nessa hipótese seja recomendável que se tenha experimentado uma queda forte em um ativo com posição significativa em sua carteira de investimentos para saber como reage e se sente.

Se a compra de determinado tipo de empresa o deixa apreensivo, estressado, talvez seja o momento de você modificar seu método de seleção, adotando critérios diferentes que o investimento de valor permite. Com efeito, a conclusão sobre a utilidade e os benefícios que uma aplicação bem-sucedida pode trazer para sua vida deve tomar por base todo o processo de investimento, não apenas o resultado.

De nada adianta ser vitorioso nos investimentos se, para isso, tiver prejudicado sua saúde ou seus relacionamentos. O custo pode ser mais caro do que o benefício. A vida é um sistema interligado de fatores e todos devem ser levados em conta no momento em que é decidida a forma de investir. Essa é uma das fortes razões que justificam a necessidade de construir uma estratégia individual.

A preparação prévia é um processo de autoconhecimento tendente à definição da estratégia a ser seguida, o que evita muitas dores de cabeça.

A filosofia de investimento que melhor se adequará a seu perfil dependerá muito de suas preferências e habilidades, e foi denominada por Warren Buffett como círculo de competência. "Pense nesse círculo de competência como o acúmulo de experiência ao longo da vida." (Hagstrom, 2008, p. 34)

Esse é um dos grandes segredos de um dos homens mais ricos do mundo. Ele conhecia muito bem o que fazia e não desviava sua atenção, ainda que todos os olhos indicassem outra direção, e essa é uma das razões pelas quais evitou a perda de seu capital em várias ondas especulativas, como a oriunda da bolha das ações de tecnologia da Nasdaq.

Baseado em seu círculo de competência, "ele procura por empresas que entenda, com um histórico consistente de lucros e perspectivas favoráveis de longo prazo" (Hagstrom, 2008, p. 69-70). Além disso, a empresa deve apresentar boa rentabilidade patrimonial, baixo endividamento e ser bem administrada por pessoas honestas. Tudo isso deve ser encontrado a preços convidativos.

Não há receita pronta para todos os perfis. Existem, na realidade, princípios que, utilizados de forma sistemática e correta, aumentam a probabilidade de lucros vultosos no longo prazo. A preparação da melhor estratégia permitirá uma passagem mais serena pelas tempestades e euforias de cunho emocional que o mercado vivencia, revelando as formas mais apropriadas para se posicionar em cada cenário.

Conforme Andrew Smith (2005, p. 31), o investidor deve ter o objetivo em mente e "fazer as coisas certas na ordem certa" por meio de estratégias, que "são planos de ação, conjuntos de processos internos resultando em comportamentos externos. Formar estratégias é uma capacidade que todos temos". As pessoas passam por diversas experiências e desenvolvem suas próprias crenças, "cada um observa o mercado com uma perspectiva única. Isso faz com que cada sistema seja algo pessoal". (p. 52)

Essa é uma das razões que motivam as pessoas a seguirem estratégias diferentes em um mesmo cenário econômico. Os diferentes tipos de empresas *small caps* revelam características diferentes, o que permite ao investidor escolher o meio de seleção que melhor lhe convém, seja a empresa de valor, de crescimento ou em situação especial. As próprias experiências e os conhecimentos certamente influenciarão na proporção que cada tipo de empresa ocupará na carteira.

Como o investidor não tem à sua disposição um único meio de aumentar o patrimônio no mercado acionário, após a análise de suas habilidades ele deve verificar se é o caso de ampliar seu campo de atuação. Caso as escolhas atuais não proporcionem retornos significativos no longo prazo, ou gerem desgastes excessivos, psicológicos e de tempo, pode ser o momento de definir uma nova estratégia, ampliando seu conhecimento. O conhecimento evita que o investidor fique refém de terceiros, cujos interesses nem sempre são os mesmos que os seus.

Um grande pecado cometido pelos investidores é seguir a estratégia de uma terceira pessoa, sem o cuidado de observar seus fundamentos e entender a filosofia oriunda daqueles tipos de escolhas. O perigo fica ainda maior quando a estratégia copiada está próxima de seu esgotamento, ou seja, está chegando a hora de alguém pagar a conta. O exemplo mais claro recentemente foi durante a febre das ações ponto.com da Nasdaq, nos Estados Unidos.

É recomendável que o investidor mantenha um histórico de suas estratégias, anotando em qual tipo de análise de empresas, ou em qual situação, obteve maior freqüência de êxitos. Como dito, não há uma fórmula sagrada aplicada a todos sem distinção. Você poderá ser expert em visualizar as oportunidades em empresas mais estáveis, já consolidadas. Outros conseguirão visualizar casos especiais de *turnarounds* com extrema competência. O certo é que aquilo que lhe dá melhores resultados deve ser focado enquanto houver oportunidades nesse sentido.

Para montar a carteira de ações, e antes mesmo de selecionar a estratégia a ser adotada, o objetivo do investidor é o que primeiro deve ser definido. Com o objetivo em mente, deve-se considerar quais empresas atenderão seus critérios. Estes nortearão a busca das empresas.

A estratégia individual a ser seguida jamais será perfeita, incólume a erros. Isso não existe, nem mesmo nos mercados de baixo risco, que dirá na renda variável. O essencial é manter-se crítico em relação aos erros cometidos, aprendendo cada vez mais, aprimorando-se e sempre lembrando de investir de forma a que eventuais erros sejam detectáveis conforme os critérios da análise de valor, e que não ocorram com quantias tão significativas que não permitam a absorção de um prejuízo. Smith (2005, p. 139) menciona que se deve arriscar menos de 1%, 2%, em cada operação enquanto estiver aprendendo, aumentando conforme o domínio da técnica e a confiança. É essencial estabelecer quanto se está disposto a perder, até porque "o mercado não perdoa erros de julgamento". (p. 138)

Como não há certezas nos investimentos acionários, deve-se buscar o aumento da probabilidade de êxito da estratégia traçada, o que se mede por uma seqüência de escolhas e resultados.

A análise de atratividade das ações varia conforme as percepções individuais. Essas percepções são especialmente moldadas de acordo com a sistemática de raciocínio seguida pelas diversas escolas de investimento. Por exemplo, determinado preço pode indicar o momento ótimo de compra para quem acredita na análise técnica, porque observou o rompimento de uma resistência, ou seja, um nível de preço difícil de ser superado. Nesse mesmo momento, o investidor em valor pode considerar que o preço da ação ficou caro, acima dos fundamentos. Em situação inversa, o preço pode ter caído tanto que, segundo os grafistas, houve o rompimento do suporte e, por isso, seria um bom momento para vender. Para o fundamentalista, ao contrário, é possível que seja um ótimo momento para comprar, afinal, os indicadores fundamentalistas estão menos esticados. Em momentos como esse, em que outras escolas de investimento recomendam fazer o contrário, o investidor que analisa a relação preço-valor agradece aos demais atuantes que utilizam critérios diferenciados tendo em vista as ótimas oportunidades de lucro que proporcionam.

Apesar de a escola técnica ter suas virtudes para operações de curto prazo, sabidamente mais aleatórias, a opção pela escola fundamentalista resulta em uma grande vantagem para o investidor: ele não precisa acompanhar o mercado o dia todo e pode escolher o melhor horário para estudar as empresas.

O analista gráfico fica muito mais preocupado com uma queda e deve desenvolver mecanismos ágeis de defesa do capital, uma vez que pode não ter estudado o verdadeiro valor por trás daquele preço que aparece no monitor e, em vez de ficar feliz por poder comprar mais barato, vende o ativo por causa do gráfico de suas cotações.

Seja qual for a estratégia de seleção de empresas escolhida, é essencial que, ao começar a testá-la, na prática, sejam aplicadas quantias inferiores até que se tenha confiança em relação ao aprendizado. Não estando convicto de que a abordagem de valor lhe permite os melhores resultados de longo prazo, você pode testar alternativas variadas. Aventure-se nos gráficos, compre na crista da onda eufórica, ingresse em pirâmides de cotação, enfim, caso seja realmente importante para a formação de sua convicção, faça o que a emoção manda, mas com pouco capital, para fins de aprendizado. Gerencie os resultados e tenha cuidado para não cair na falsa ilusão de ter dominado a técnica perfeita. Prefira errar no início, para aprender com pouco dispêndio financeiro, a ter a certeza absoluta de que encontrou o método vencedor, que pode, no futuro, levá-lo à ruína.

Aliás, vejo com preocupação a série de investidores que consideraram ter localizado o método mágico aplicando apenas em *blue chips* no Brasil. Não se pode esquecer que, de 2002 até meados de 2008, o mercado só subiu e quase todas as estratégias deram bons resultados, especialmente aquelas focadas na compra de ações ligadas a bancos e commodities. Nesse cenário, todo mundo pode se considerar completamente preparado, ainda que fruto do acaso das circunstâncias favoráveis.

Na estratégia individual, o investidor deve considerar que uma parte das variáveis que afetam o retorno dos investimentos pode ser controlada, como uma boa seleção de empresas e a forma de negociação. Outras variáveis ocorrem independentemente de qualquer atuante no mercado e diz respeito às tendências. Estas indicarão os momentos para comprar e para vender. Você deve se concentrar no que pode controlar e aproveitar-se das oportunidades geradas pelas tendências.

O principal objetivo do investimento, como bem frisado por Jason Zweig (Graham & Zweig, 2007, p. 250), não é ganhar dos demais, mas saber se controlar. Investir não é uma guerra, como os telejornais fazem parecer. Quando se fala em bolsa, vem à mente pessoas estressadas, gritando ao telefone e negociando a todo instante, e isso certamente influencia muita gente na forma de definir a estratégia. Não vi, ainda, o investimento em bolsa estar associado à imagem de uma pessoa tranqüila, analisando os resultados das empresas, tal como ensinou Benjamim Graham.

O tempo disponível para estudo das empresas também influencia na forma de atuar na seleção. Com mais tempo, a pesquisa pode ser ampliada, como meio de aumentar as probabilidades de localizar ótimos investimentos. É fundamental que o tempo seja utilizado de forma adequada, com o estudo das informações das empresas, em vez de operar nas compras e vendas freqüentes.

Quem não possui uma estratégia de investimento bem definida, atuando no mercado sem saber o que está fazendo, ficará sempre a um passo das armadilhas emocionais que o mercado prepara. A estratégia é uma de suas maiores proteções; é seu guia para decidir de forma racional. Permitirá que você compre quando está barato e não apenas porque os preços estão subindo, como muitas vezes acontece com as recomendações disponíveis no mercado financeiro.

Como a quantidade de capital que você está disposto a aplicar em cada decisão de investimento pode dizer também respeito à sua própria permanência nele, serão a experiência dos resultados passados e a compreensão dos respectivos cenários que lhe permitirão ampliar com mais segurança e tranqüilidade as suas novas apostas no mercado acionário, mas sempre tome cuidado após um investimento de sucesso. Nesses casos, o investidor tende a se sentir precocemente preparado e considerar que chegou o momento de fazer o grande investimento da vida que, em determinadas condições, pode vir a se tornar o último.

O investidor que não define sua estratégia, com seus próprios métodos de seleção fundamentados de ativos, pode ser equiparado a alguém perdido no meio de uma floresta, sem rumo, e, quando lhe perguntam aonde quer chegar, responde que não sabe, uma vez que qualquer lugar estará bom. É a mesma situação de investidores que ingressam no mercado e acabam achando que já possuem os conhecimentos necessários para investir na bolsa, embora nunca tenham se esforçado para tanto – isso quando não acreditam se tratar apenas de um jogo de azar, alguns chegando a se reconhecer com poderes superiores para predizer o futuro. Muitas vezes são esses próprios fatores caóticos e transitórios do mercado que criam excelentes oportunidades de negócios, facilmente percebidas pelos bons estrategistas.

5.4. Diversificação

Todo investidor se depara com o tema da diversificação durante sua fase de seleção de empresas, afinal, qual é a quantidade de ações que deve compor uma carteira de ações? De que tipo de empresas? Que quantidade de capital colocar em cada uma das opções?

Os debates em torno do assunto são polêmicos. Há quem defenda de forma irredutível a opção pela concentração, enquanto outros optem pela diversificação. O fato é que as duas formas têm seus prós e contras, mas aqueles que iniciam sua fase de investimentos devem escolher preferencialmente a opção que representa menos riscos, que é a diversificação.

Há dois momentos a se considerar em uma estratégia de diversificação, períodos em que muitos passam a entender a razão da opção defensiva. O mercado passa por momentos de stress e de euforia. Nos momentos de euforia, tem-se a falsa impressão de que o investidor sempre obterá êxito em suas escolhas e que se tivesse posicionado 100% de seus recursos em determinado ativo, o ganho seria muito maior. Porém, o mercado não segue apenas uma direção.

Seu ativo preferido pode passar por uma longa turbulência decorrente das condições do mercado ou, então, perder sua rentabilidade empresarial porque um novo concorrente não previsto estabeleceu-se na mesma área de atuação, ou, simplesmente, a empresa escolhida deixa de ter o brilho de outrora. Se na escolha infeliz que todos um dia experimentam estivesse 100%

de seu capital, não seria possível retornar com o mesmo fôlego. Há quem use *stop loss* – mecanismo de controle de perdas, em que são vendidas ações quando a cotação de uma empresa atinge predeterminada queda – para esses cenários e defenda seu uso, porém, o pequeno investidor nem sempre tem tempo disponível para acompanhar o mercado diariamente. Além disso, as *small caps* menos líquidas por vezes não possuem compradores por um preço logo abaixo da quantia que você pagou.

A opção pela diversificação permite que uma perda específica seja compensada e até superada com um bom acerto. Esse é o "pulo do gato" da diversificação: ativos podem perder 100%, mas o ganho não tem limite! Na eventualidade de serem escolhidos 10 ativos há 5 anos, depois de uma competente garimpada, um deles pode resultar em retorno superior a 1.000% – mais comum em empresas *small caps* desprezadas. Se você perder tudo nos demais ativos, já estará empatando o capital utilizado.

A diversificação deve ocorrer dentro da carteira de ações e entre os mercados existentes de investimento, conforme apresentado no Capítulo 1. A quantidade de empresas depende muito do capital a ser investido e das probabilidades de retorno que cada opção representa. Nas hipóteses de investimentos em que há probabilidade de perda total e também de ganhos exuberantes, como as decorrentes de empresas em situação especial, menor deve ser a quantia de capital aplicada. É interessante mesclar *blue chips* e *small caps*, que se comportam de forma distinta. *Blue chips* são mais influenciadas pelo fluxo de capital, enquanto *small caps* costumam se movimentar mais conforme a divulgação dos balanços financeiros.

É comum ouvir histórias de investidores que ficaram ricos apostando todo o capital em uma única empresa, como o próprio Bill Gates, com a Microsoft. A maioria das fortunas constituídas no mundo, de fato, foi fruto de investimentos concentrados. No entanto, Zweig (Graham & Zweig, 2007, p. 214-5) lembra que, das 400 maiores fortunas da lista da *Forbes* de 1982, "apenas 64 membros originais, meros 16%, continuavam na lista em 2002". Ressalta-se que o fato de essas pessoas que saíram da lista terem mantido todos os ovos na mesma cesta primeiramente as levou a estarem na lista das mais ricas do mundo, mas, posteriormente, quando o setor deixou de ter o estrelato de outrora, as levou à ruína, pois não estavam preparadas para defesa do capital. Essas pessoas apenas ficaram paradas escutando os estalos "à medida que a economia em permanente mudança esmagava sua única cesta e todos os seus ovos". (p. 214-5)

Esse é um dos grandes riscos da concentração dos investimentos em poucas empresas: a manutenção da riqueza. Aliás, só se ouve a história de quem angariou fortunas com investimentos concentrados. A imensa maioria, que perde capital ao proceder dessa forma, não é contemplada com uma listagem das fortunas que sumiram. Os investidores que perdem dinheiro com suas aplicações não saem divulgando o acontecimento. Além disso, é muito provável que uma quantia inferior a 0,1% do capital acumulado pelos mais ricos da *Forbes* seja suficiente para que você viva muito bem pelo resto da vida. Logo, é melhor aumentar as chances de estar investindo em uma dessas empresas que multiplicam diversas vezes o valor inicial aplicado, dividindo, assim, os ovos entre diversas cestas.

Não é necessário acertar sempre, uma vez que poucos investimentos corretos poderão render uma fortuna. A diversificação também lhe protegerá de casos fortuitos, difíceis de serem previstos, ou mesmo de fraudes no balanço. O caso da empresa norte-americana WorldCom, que fraudou os balanços, ilustra bem a importância de não se arriscar cegamente em uma única empresa, ainda que tudo pareça perfeito para gerar uma grande valorização do capital.

Exemplo recente de evento improvável ocorreu no Brasil em relação à empresa Eternit. Ela apresentava lucratividade em ascensão e pagava excelentes dividendos. No entanto, havia um processo judicial a ser decidido pelo Supremo Tribunal Federal, em que se discutia a constitucionalidade de lei estadual que proíbe a venda de produtos compostos por amianto no Estado de São Paulo. Quando veio a conhecimento público uma decisão contrária aos interesses dessa empresa, a reação do mercado a esse fato imprevisto foi imediata, apesar da consistência dos resultados apresentados pela empresa, conforme demonstra o gráfico a seguir.

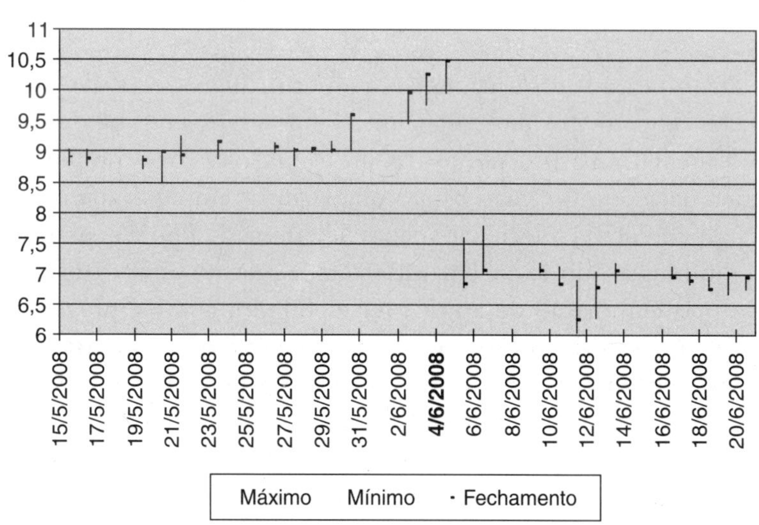

Há situações, no entanto, em que pode ocorrer o contrário. A empresa Forjas Taurus passou a conviver com o risco de proibição do uso de armas de fogo no Brasil, a ser decidido nas urnas pelo povo brasileiro. Todas as pesquisas mais distantes do referendo que resolveria o assunto indicavam amplo apoio à proibição. No entanto, o referendo realizado em outubro de 2005 surpreendeu ao permitir a posse de armas no Brasil. Quem conseguisse visualizar a oportunidade para diversificar seu portfolio com ações da Forjas Taurus teria garantido ganhos bastante interessantes, conforme gráfico da FJTA4.

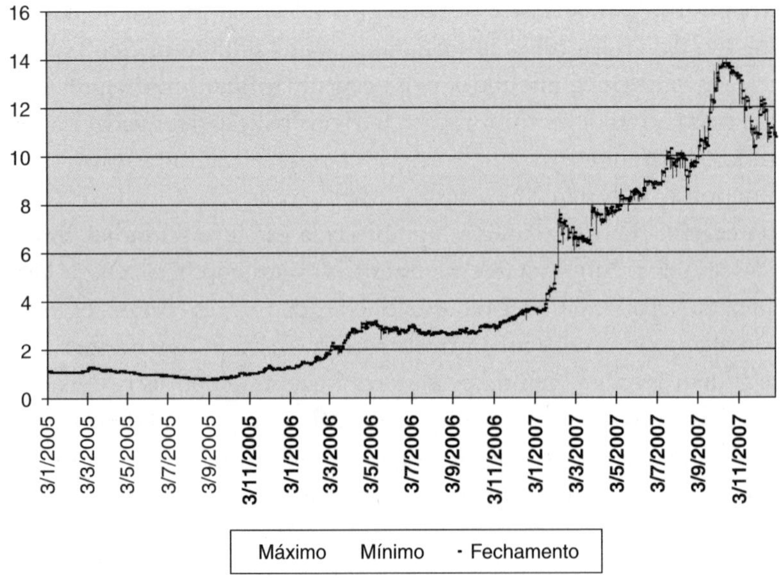

A diversificação adequada, então, permitirá diluir o risco de fatos pouco esperados ou participar de acontecimentos positivos ainda não precificados. É fundamental uma boa noção das probabilidades para compor um bom portfolio de ações. Por mais barato que algumas empresas aparentem estar, não é recomendável selecionar apenas determinado tipo de companhia.

A diminuição do risco em uma carteira de investimentos não se dá apenas pela eliminação do ativo a ser escolhido, como é pregado por diversos atuantes no mercado acionário e até em livros sobre o assunto. Ela também ocorre por meio da diversificação, pela qual se aplicam quantias menores em um maior número de empresas. Com certeza não é nada cômodo posicionar-se em ativos com alguma possibilidade de falência, caso sua carteira tenha poucas ações. Mas se um deles, por exemplo, representar 0,5% de sua carteira, ainda que a empresa venha a falir, você certamente não ficará desesperado. Contudo, na situação inversa, em que a empresa sai da bancarrota, é possível ter retornos extraordinários. Suponhamos que os demais ativos de sua carteira de investimentos, em determinado ano, tenham rendido 20%. Em razão dessa participação de 0,5% do ativo extremamente arriscado, sua rentabilidade cai para 19,9%, nada muito significativo. Entretanto, caso o rendimento dessa participação venha a ser de 1.500%, a carteira como um todo terá rendido, apenas em razão dessa mínima participação, 27,4%. Assim, o risco é efetivamente elevado, mas o acerto é extremamente animador.

No período entre maio de 2007 e abril de 2008, as ações ordinárias da Minupar valorizaram-se impressionantes 3,141%. Ela, sozinha, representaria um aumento de 31,4% em uma carteira de ações que, no início do período, tinha 1% do valor total em ações da companhia. Não seria seguro investir apenas em um ativo desse tipo sem uma diversificação adequada. Esse acerto, sozinho, permite o erro em outras 15 empresas e, ainda assim, o ganho seria superior a 100% em 12 meses.

Essa estratégia permite superar, com folga, a variação do índice Ibovespa. Chega a ser curioso que justamente esses ativos em que não se pode investir muito capital sejam exatamente aqueles que, por vezes, geram os retornos mais astronômicos, verdadeiros pontos fora da curva. Com efeito, a carteira de investimentos focada nas empresas em situações especiais pode ser composta por diversas companhias, com baixa quantia aplicada em cada uma delas. Acertando algo como 30%, é provável que o retorno seja superior ao do Ibovespa.

Diversas empresas hoje "bem recomendadas" podem ser investidas enquanto "pequenas sementes desconhecidas e desprezadas". Por vezes, a opção recai em empresas com governança corporativa e transparência zero, sem qualquer comunicação com o mercado. Quando resolvem melhorar nesses aspectos, é comum acontecer valorizações superiores a 1.000%. Há quem prefira, então, ter 10 empresas embrionárias como essas a 1 já consolidada, que pode resultar, no cenário mais otimista, em algo como 100% ao ano. Muitas dessas empresas que se consolidaram podem ser mantidas em carteira, e as pequenas realizações de lucro delas decorrentes servirão de fonte de recursos para novas aquisições de sementes.

A opção pela diversificação também evitaria que uma perda de 80% em um investimento, por exemplo, demandasse retorno subseqüente de 500%, apenas para que se volte ao ponto inicial. Na hipótese de ser aplicado 50% de seu capital em cada um dos investimentos, ou seja, metade naquele em que a perda foi de 80% e o restante neste em que o ganho foi de 500%, o retorno, em vez de zero, seria de 210% [(0,5 × 500% + 0,5 × (-80%)]. Então, um bom caminho é multiplicar essas possibilidades, sempre lembrando que os prejuízos são limitados a 100% e os lucros são ilimitados. Isso sem falar no tempo que levaria para reconstruir o patrimônio arruinado com um investimento concentrado. Seu sonho de se aposentar mais cedo certamente seria adiado em alguns anos.

Warren Buffett considera, segundo Mary Buffett & David Clark, que "a diversificação é uma proteção contra a ignorância. Faz pouquíssimo sentido para quem sabe o que está fazendo". (2007, p. 85)

Quem lê tal afirmação pode concluir que a diversificação só serve para quem não sabe o que faz. No entanto, ela faz parte do aprendizado e possibilita, sim, a obtenção de retornos superiores ao investimento concentrado. Nem mesmo Buffett iniciou seus investimentos de forma concentrada. Aliás, sua companhia, a Berkshire Hathaway, Inc. é proprietária de diversas empresas seguradoras e "uma ampla variedade de negócios não relacionados a seguros, adquiridos com o fluxo contínuo de renda da operação de seguros.(...)" (Hagstrom, 2008, p. 69)

Portanto, mesmo a empresa comandada por Buffett tem ampla diversificação nos negócios, investindo em companhias dos mais variados segmentos econômicos. Muito embora a concentração, em determinadas circunstâncias, possa elevar os ganhos de uma carteira de investimentos, caso você tenha selecionado exatamente aquelas empresas que apresentam o melhor desempenho e você as tenha comprado antes que o mercado percebesse isso, é pouco provável que você tenha a mesma posição de certeza de um Warren Buffett para realizar o investimento. Provavelmente o CEO da companhia estudada não lhe atenda para explicar os negócios da empresa e suas perspectivas futuras, se você aplicar, digamos, R$5.000. Então, é realmente interessante se proteger da ignorância. Ignorância, aqui, não no sentido de estupidez, mas de desconhecimento das informações relevantes. Isso não significa, felizmente, que não há como conseguir boas opções que apresentam excelentes probabilidades de retorno apenas com as informações disponíveis no mercado de forma gratuita.

Provavelmente, caso você se interesse em ligar para a empresa investigada, será atendido por alguém que não conhece sequer as informações obtidas na internet por meio de suas buscas e da análise do balanço financeiro.

A concentração que Buffett prega não significa comprar 3, 4 ações apenas. Não! Ele considera um número bom entre 10 e 20 empresas. Tudo dependerá do que você considera adequado como investimento do capital disponível.

Repito que se você optar pelas empresas em situações especiais, deverá estar ciente da enorme dificuldade de acertar um investimento desses e comparar isso com o gigantesco retorno que pode advir da escolha. Como não é necessário ter participação expressiva nesse tipo de empresa para se obter resultados significativos, pequenos percentuais relativos podem ser suficientes, daí porque a carteira diversificada não necessariamente reduz seus ganhos. Pelo contrário! Pode fazê-los explodir.

Benjamim Graham foi um exemplo de investidor de sucesso que utilizou amplamente a diversificação, focando a compra de empresas com margem de segurança e utilizando a abordagem atuarial. Os lucros obtidos pelos investimentos que apresentavam êxito eram suficientes para compensar suas perdas. (Tier, 2005, p. 47)

O investidor não saberá de antemão qual ação resultará na próxima alta, mas boas seleções de empresas ampliam sobremaneira a probabilidade de ter ativos com altas excepcionais. São ativos com qualidades subavaliadas, que, após a fase de desprezo do mercado, podem, repentinamente, tornar-se valorizados. Na média, surge o retorno positivo.

O aumento de seu círculo de competência virá pelo acompanhamento de suas escolhas durante um bom tempo.

Zweig (Graham & Zweig, 2007, p. 406-7) trouxe interessantes argumentos em prol da diversificação. Ele diz que se você pudesse identificar qual seria a próxima Microsoft, não haveria qualquer razão para diversificar. No entanto, a escolha pode recair na próxima MicroStrategy, uma badalada ação do mercado cuja cotação por ação caiu de US$3.130 para US$15,10, entre março de 2000 e final de 2002. Se você tivesse investido R$100.000 nessa empresa, sobrariam a você míseros R$500. "Manter seu dinheiro espalhado por muitas ações e setores é o único seguro confiável contra o risco de estar errado." Em períodos mais longos, algumas empresas apresentam retornos estonteantes, chegando a se valorizar em mais de 10.000%. As 30 ações com maior variação positiva de 1972 a 2002 correspondem a empresas completamente ignoradas, sem espaço para as ações de tecnologia – companhias como "a rede de desconto Dollar General e do produto de rapé UST Inc". Dificilmente alguém teria apostado nestas empresas em 1972. O mercado pode ser comparado a um enorme palheiro em que poucas agulhas geram retornos gigantescos, e se você tiver uma grande proporção desse "palheiro", maior serão suas possibilidades de se beneficiar de uma alta estonteante.

Uma rápida olhada na tabela com os maiores retornos das ações da bolsa brasileira em 12 meses até abril de 2008, como apresentado no Capítulo 1, certamente causa surpresa em face da quantidade de empresas pequenas, pouco conhecidas, que ali figuram.

Há íntima ligação entre o princípio da diversificação e a margem de segurança. Ainda que haja margem de segurança em determinado papel, nada garante que ele não terá um desempenho ruim, até porque as margens aumentam as probabilidades, mas não trazem certezas. A diversificação inteligente ocorre com empresas que possuem maior possibilidade de gerar ganhos do que perdas. O exemplo que ilustra isso muito bem foi trazido por Graham (Graham & Zweig, 2007, p. 561-2), com a comparação do retorno obtido com a diversificação de apostas em uma roleta de cassino. Nesse caso, a cada real apostado, a pessoa tem a possibilidade de ganhar R$35, mas a probabilidade é de 1 em 37, pois, além dos números de 1 a 36, há os números 0 e 00. Apostando em todas as opções, com ampla diversificação, cada rodada geraria uma perda de R$2, sendo burrice escolher opções cuja possibilidade de retorno fosse inferior ao ganho prometido. Agora, se o ganho fosse de R$39, a diversificação seria altamente recomendável, pois a cada giro da roleta você certamente ganharia R$2.

O uso da diversificação é a garantia de que nenhum de seus erros isoladamente o levará à ruína. Alexandre Elder (2004, p. 272) considera que a expectativa matemática é fundamental para viabilizar o retorno nos investimentos. Ela pode ser positiva, no caso em que a vantagem é do investidor, e negativa, quando a vantagem é da "casa". Quando se atira uma moeda para cima, a possibilidade de uma entre duas pessoas ganhar é de 50%. "Mas se você joga a moeda em um cassino que surrupia 10% de todas as apostas, você ganha apenas US$0,90 para cada dólar perdido." (p. 272) Essa expectativa negativa torna praticamente impossível ganhar no longo prazo.

Assim, caso você tenha R$1.000 para investir e utiliza R$10 em cada aplicação, são necessários 100 erros seguidos para dilapidar o capital disponível. No entanto, se a aplicação for aumentada para R$250, será muito mais provável ter uma seqüência de 4 erros, o que foi alertado por Elder. (2004, p. 275)

Walter Schoss (Graham & Zweig, 2007, p. 586, apêndice de Warren Buffett) baseia seu estudo apenas nos números da empresa e lê os relatórios anuais, sem se influenciar pelo pensamento dominante no mercado. Baseou-se na diversificação, possuindo mais de 100 ações no portfolio, selecionadas com base em um preço que representa valor abaixo do valor justo, como se adquirisse US$1, pagando US$0,40. Walter conseguiu retorno de expressivos 21,3% compostos durante 28,25 anos. O S&P no mesmo período rendeu 8,4% ao ano. A sociedade chegou a possuir mais de 800 papéis em carteira (p. 593).

Se você tivesse aplicado R$10.000 durante 28 anos, conforme os critérios de Walter, mesmo com ampla diversificação, teria, ao final do período, R$2.228.960,77. Agora, seguindo apenas o S&P 500, o retorno cairia para apenas 4,29% desse valor, ou R$95.679,72. Isso demonstra o quanto é válido qualificar-se na busca das melhores opções de investimento e diversificar.

Markowitz (Hagstrom, 2008, p. 204) concluiu que o grupo de ações que compõem uma carteira, e não cada ação individualmente, é que determina o risco de um investimento. Caso a seleção de ações origine uma carteira cujas empresas se comportam da mesma forma de acordo com uma mudança econômica, é necessário rever a estratégia de diversificação adotada.

Investidores que formam uma carteira mais concentrada também devem ter estômago mais resistente para suportar quedas do mercado. O vitorioso investidor Charlie Munger (Hagstrom, 2008, p. 208), adepto da concentração nos investimentos, administrou uma carteira de investimento, a Charles Munger Partnership, com retorno de impressionantes 24,3% ao ano entre 1962 e 1975. No entanto, teve que amargar duas perdas seqüenciais, de 31,9% e 31,5%, em 1973 e 1974. Um capital de R$100.000, por exemplo, que fosse aplicado nesse pior momento, ficaria reduzido a apenas R$46,6 mil, uma redução de 53,4% do investimento inicial. Você tem estômago para suportar isso?

Os movimentos de mercado são bastante distintos do que os índices sugerem. A alta do principal índice da bolsa, o Ibovespa, nos últimos meses, está nitidamente atrelada à evolução de preços das commodities. Tanto é verdade que enquanto o índice indicava alta superior a 20% em 12 meses finalizados em junho de 2008, o IBX-2, que concentra ações menos líquidas, fora da moda, apresentou queda. Isso não durará para sempre. É fundamental lembrar-se dessas constatações para que não sejam tomadas decisões precipitadas, até porque várias empresas que antes eram negociadas com grande taxa de desconto nos indicadores fundamentalistas em relação à média de mercado passaram a embutir, em seus preços atuais, perspectivas mais otimistas de crescimento.

Do pessimismo ao otimismo, há perigos e oportunidades nos extremos. Evite estar do lado errado e busque a diversificação como antídoto aos imprevistos.

5.5. Estratégias eficientes

O caminho para conquistar o objetivo de ser um investidor de sucesso no mercado acionário não termina com a seleção dos potenciais ativos a serem adquiridos. É necessário ir além, utilizando-se de uma estratégia eficiente para permitir um bom desempenho de uma carteira construída de forma inteligente, aproveitando-se dos momentos oportunos para compra e venda de ações.

A primeira atitude é a verificação da lista de empresas classificadas conforme os indicadores de atratividade discorridos no Capítulo 2, ou seja, averiguar quais são as empresas cujos preços atuais e resultados indicam os melhores Preço/Lucro, Preço/Valor Patrimonial, Preço/Faturamento, Preço/Ebitda e as que pagam os melhores dividendos. Procure um site que ofereça esse serviço. A Economática durante um bom tempo o ofereceu de forma gratuita. Há outros, como o Lafis (http://www.lafis.com.br/), o do Instituto Nacional dos Investidores (http://www.ini.org.br/) e o recém-lançado Fundamentus (http://www.fundamentus.com.br/). Um alerta: alguns desses serviços não disponibilizam os dados de todas as companhias, razão pela qual os indicadores de algumas empresas que pareçam interessantes deverão ser calculados manualmente, sugerindo-se a pesquisa dos dados na própria Bovespa, no site (http://www.bovespa.com.br/), onde os balanços de todas as empresas negociadas na bolsa são disponibilizados gratuitamente. Além disso, algumas perspectivas futuras de empresas, como projetos em execução, referentes a novas fábricas, por exemplo, não são captados previamente por esses indicadores, merecendo a leitura dos relatórios empresariais para melhor contextualização das informações.

Após isso, a pesquisa deve recair sobre as causas do resultado obtido pela empresa, considerando as informações disponíveis no mercado, valendo como sugestão os métodos de análise apresentados no Capítulo 3.

A pesquisa inicial é demorada e, quanto mais minuciosa, buscando-se informações sobre as empresas pré-selecionadas, melhor será para o seu futuro. Trata-se de uma decisão que o acompanhará por alguns anos e pode representar o fracasso ou o sucesso dos investimentos.

Terminada essa fase, você terá em mãos uma lista das empresas consideradas as melhores na relação preço-valor. Pegue o capital que está disposto a aplicar e faça a divisão entre as empresas garimpadas. Não importa o valor inicial. O importante é a consistência dos resultados. Algumas de suas escolhas poderão render em 4, 5 anos, 1.000%, 2.000%, 3.000%! É claro que o mercado como um todo também precisa ajudar.

Mantenha esse procedimento por algum tempo. Invista um pouco a cada mês ou trimestre – preferencialmente após a divulgação dos balanços trimestrais durante um período razoável. Você pode chegar a ter várias empresas, talvez até 50, 60 diferentes, conforme as oportunidades de mercado, o que propiciará riscos extremamente diluídos. Um acerto como aqueles que sobem mais de 1.000% pagam diversos erros.

Acompanhe os balanços trimestrais das empresas selecionadas, especialmente daquelas que já representam um capital interessante em sua carteira. Na eventualidade de os resultados empresariais começarem a piorar sem que haja perspectiva de mudanças, ou se as ações subirem demais em relação à evolução dos resultados, venda para comprar outros ativos mais baratos ou mesmo reinvesti-los na mesma empresa após a baixa, se ela permanecer interessante. Com a venda de um ativo já valorizado, é possível comprar outros cinco ou seis. Mas cuidado para não vender cedo demais, o que é muito comum. A experiência de vender uma ação e anos após verificar que aquela foi apenas a primeira perna de uma alta de longo prazo não é muito agradável. São casos referidos como sementes excepcionais.

Por fim, se seu capital em bolsa ficar muito acima dos demais tipos de investimento, conforme análise multimercado, opte por redistribuir parte dele nos outros mercados de investimento. Invista também de forma a garantir fluxo mensal de rendimentos. Esses recursos, além de serem o início de sua renda mensal "vitalícia", garantirão mais capital para reaplicar na bolsa enquanto você não precisar dele para manutenção de seus gastos mensais. Esse fluxo de caixa gerado exige que você esteja atento ao mercado para aproveitar as melhores oportunidades decorrentes da relação preço-valor, permitindo-lhe a potencialização dos ganhos futuros.

A atração exercida pelo ganho de capital rápido força muitas pessoas a seguirem os apelos de valorizações motivadas por fluxos de capital despejados nas bolsas, muitas vezes de natureza especulativa e formadores de bolhas. No entanto, da mesma forma e intensidade que surge o fluxo de capital que inflaciona os preços, ele some, quase como se fosse retirada a escada que sustentava aquele movimento. Os rendimentos recebidos de dividendos, ao contrário, não sofrem as influências dos preços, tão-somente dos resultados das empresas, uma vez que as companhias não aumentam a distribuição dos dividendos apenas porque as cotações subiram. É por isso que tantas empresas de "primeira linha" pagam rendimentos proporcionalmente baixos em relação à cotação de mercado.

Em suas decisões de investimento, você terá dúvidas entre opções que parecem igualmente interessantes para comprar ou para vender. Nesse caso, uma boa alternativa é comprar ou vender parcialmente ambas as ações. Aproveite-se sempre da tendência irracional que rege o mercado para esses momentos. Talvez até por essa tendência é que se deve aguardar um bom momento para vender, ainda que o ativo pareça estar no preço justo.

Deve-se buscar por ativos que possuam alta probabilidade de ganho com uma possibilidade proporcionalmente reduzida de perda.

A responsabilidade pelos resultados dos investimentos é sua, o que é ótimo, pois caso você reúna todos os requisitos para seleção de boas empresas, será recompensado. Havendo erros, não caia na tentação de culpar terceiros pelas escolhas efetuadas. Procure entender o que e por que aconteceu o prejuízo e, com isso, ampliar seu círculo de competências.

Para composição de uma eficiente carteira de ações, as variáveis econômicas não podem influenciar todas as empresas da mesma forma. Por exemplo, se você tiver uma carteira apenas com empresas exportadoras, persistindo a queda do dólar, seus investimentos serão afetados integralmente de forma negativa. O ideal, então, seria compor a carteira com empresas que também sejam importadoras, que se beneficiam do cenário do mesmo movimento econômico. Atitudes como essa ajudam a reduzir a volatilidade da carteira de ações. É o que se chama de composição de investimento com empresas que possuem co-variância negativa. Enquanto uma sobe a outra cai. No momento da compra, ambas devem estar baratas, favorecendo resultados satisfatórios de longo prazo.

Esse tema foi tratado por John Allen Paulos (2004, p. 164-5) ao aduzir que o risco pode decorrer do comportamento sistêmico e do não-sistêmico. O primeiro diz respeito aos movimentos gerais do mercado e o segundo decorre das características individuais de cada ação.

As empresas mudam com certa velocidade nos dias atuais. Mercados promissores se abrem e se fecham em um ritmo que a globalização intensificou. Isso não significa seguir modas, mas sim acompanhar se a carteira está composta por empresas que tenham mercado para continuarem a apresentar bons resultados.

A importância de diversificar a carteira de ações ganha ênfase na medida em que o preço das ações em geral influencia a atratividade das empresas que o investidor escolhe, especialmente quando estão no mesmo segmento. Tudo se comporta como um sistema. Mesmo quem não esteja interessado no estudo comparativo de ações sofre as conseqüências do desempenho das outras empresas comparáveis. Essas circunstâncias ficaram bastante evidentes no Brasil durante o período das ofertas iniciais de ações, as IPOs. Quando foram lançadas ações de novos bancos, pequenos e médios, muitos ingressaram no mercado com uma relação preço-valor patrimonial muito acima da encontrada nos demais de mesmo perfil já disponíveis para investimento no mercado acionário. Com essa nova base de comparação, as cotações desses bancos tornaram-se bastante defasadas em relação aos novos integrantes no mercado. Seguiu-se forte reação que acabou por elevar as cotações dos ativos mais antigos na bolsa. No entanto, a partir do final de 2007, a crise das hipotecas americanas desencadeou forte aversão a risco no setor bancário. A base de comparação internacional, então, desabou, arrastando com ela a cotação de vários daqueles ativos, antigos e novos, em níveis muito mais baixos, pois a euforia do mercado iniciada com aquelas IPOs era ilusória, sem respaldo nos fundamentos do setor bancário. Como era de se esperar, a primeira crise trouxe um pouco de realidade, abrindo os olhos do mercado à valorização desmedida daquele setor.

A composição da carteira diversificada permite ao investidor optar também pelas empresas que se encontram em situação especial. A dificuldade de acertar esse ativo é compensada pelos retornos excepcionais gerados no caso de acertos. Embora considere que as *small caps*, pelo desprezo que recebem do mercado, guardam boa parte das melhores oportunidades, é recomendável que sua carteira seja também composta por empresas baratas que façam parte do Ibovespa, incluindo *blue chips*. A diversificação de risco é fundamental, na medida em que esses papéis tendem a se movimentar mais em relação aos fluxos de capital que seguem para a bolsa, especialmente de estrangeiros. Várias *small caps* não sofrem a mesma influência do fluxo de capital. A oscilação dos preços desses ativos normalmente ocorre na época de divulgação dos balanços financeiros, pois interessam mais aos investidores fundamentalistas do que aos grafistas, para os quais a liquidez do papel é indissociável.

Robert A. Haugen (2000, p. 42) considera que a compra de um número maior de ações aumenta a probabilidade de que "os fatores negativos e positivos estarão quase uniformemente distribuídos".

Haugen (p. 46) diz também que os fatores a serem considerados mais influenciadores no desempenho das carteiras são referentes à inflação, preços da gasolina e produção industrial. Quanto maior a quantidade de ações em carteira, mais o risco diversificável diminui. Ademais, não se pode perder de vista que, para uma diversificação efetivamente eficiente e que represente ganho adequado, a carteira do investidor deve ser composta de empresas de segmentos diversos, compradas no momento em que não estão na moda.

De nada adianta ter 20 empresas na carteira se são 10 do setor elétrico e 10 siderúrgicas, uma vez que os ativos do mesmo segmento econômico sofreriam a influência dos fatores econômicos de maneira correlata. A estrutura de custos e a fonte de receitas são impactadas de forma parecida entre as empresas de um mesmo setor.

O investidor pode também diminuir o risco de manter posições em setores industriais, como fabricantes de autopeças, com a aquisição de ações das empresas que integrem a mesma cadeia. Por quê? Se o aço subir, quase todo o segmento que se utiliza dele sofrerá aumento de seus custos de produção, mas não as siderúrgicas, que sairão beneficiadas com o aumento de suas margens. O mesmo critério se dá em relação a empresas de mineração, ou seja, um mesmo fato, conforme a localização da empresa na cadeia produtiva, pode ser positivo ou negativo.

A estratégia eficiente minimiza os riscos de fatores imprevisíveis ou de erros de avaliação. O recente episódio das notas de crédito das hipotecas americanas, muitas delas com classificação máxima, mostra que nem mesmo o que é considerado absolutamente seguro pode ser comprado sem precauções adicionais. Certamente há também empresas no mercado que são incompreendidas, com avaliações equivocadas de risco. Tudo são probabilidades.

É preciso considerar, ainda, que um período de crescimento como o que o Brasil tem vivido até 2008 faz as empresas com melhor desempenho em crescimento receberem cada vez mais avaliações otimistas, ao contrário do que ocorre em um período recessivo. Essas generalizações tornam a seleção de empresas com boa margem de segurança mais difícil.

Superadas essas etapas e escolhida uma empresa para investimento do capital, deve-se passar à análise das classes de suas ações, considerando os direitos que cada uma delas garante. Nesse aspecto, convém conhecer as empresas que oferecem *tag along* na Bovespa.

As ações preferenciais costumam oferecer maiores dividendos (10% mais), enquanto o detentor das ações ordinárias tem o direito de voto e, ainda, o direito de receber, conforme previsto em lei, 80% do valor pago pelas ações ordinárias dos controladores no caso de alienação do controle. Deve-se observar, também, a liquidez das ações em cada uma de suas classes, a fim de descobrir quais delas são mais negociadas.

O fato de a empresa ter governança corporativa não necessariamente garantirá valorização adicional, uma vez que esse fator normalmente já foi precificado, resultando em indicadores fundamentalistas superiores aos de seus pares até com certa razão, dada as garantias adicionais oferecidas. O melhor é encontrar empresas que estão se conduzindo na direção de melhores níveis de governança corporativa.

Haugen (2000, p. 146) comparou com maestria a composição de uma carteira de investimentos com a contribuição que cada ingrediente fornece aos grandes chefes de cozinha quando preparam seus pratos. "A maioria das pessoas não quer sentir o gosto dos ovos crus (...) E você, costuma beliscar dentes de alho?" No entanto, a junção de vários ingredientes como esses destacados forma uma deliciosa salada. O investidor, então, não deve exigir que todas as ações da carteira tenham o mesmo caráter.

A construção de sua carteira de ações, então, assemelha-se à construção de uma holding de opções de investimentos atraentes, por meio da reunião das empresas que passaram nos requisitos de valor, e de acordo com o peso que cada tipo de empresa terá na composição que você considera ideal, estabelecido conforme o porte, o setor e a classificação das empresas.

Resultados medíocres costumam ocorrer com as pessoas que se contentam em seguir apenas as "dicas" requentadas dos mesmos papéis de sempre. É fácil seguir aqueles investimentos, mas não custa lembrar os resultados daqueles que preferiram fazer o mesmo com seus investimentos nos Estados Unidos, em relação ao setor de tecnologia, na famosa bolha da Nasdaq.

A estratégia eficiente permitirá bons resultados globais, considerando a carteira como um todo, mas não necessariamente de todos os papéis selecionados.

A estratégia deve mirar o longo prazo. Não é necessário ganhar 100% todo ano. Isso nem mesmo os mitos dos investimentos conseguem realizar. Basta algo como 20% ao ano e você ficará milionário aproveitando-se da lógica quase sempre esquecida do ganho anual composto.

5.6. Liquidez da ação

A liquidez das ações é sempre considerada nas análises efetuadas por analistas e corretoras para definir a atratividade de determinadas empresas. Aliás, é a própria liquidez, e não a qualidade da empresa, que muitas vezes sinaliza quais ativos serão estudados e indicados nas carteiras de ações. A Petrobras e a Vale do Rio Doce não são analisadas por todos os atuantes no mercado apenas por serem boas companhias. Na realidade, boa parte dessa popularidade se deve apenas à liquidez, talvez em virtude da prevalência da análise técnica como instrumento preferencial de avaliação de boa parte dos analistas e corretoras.

No entanto, o investidor individual não precisa ter todo esse fetiche pelo fator liquidez que, para muitos, é suficiente para desistir da compra de ativos com excelente potencial. Na realidade, o capital a ser aplicado nas empresas menos líquidas é que deve atender aos requisitos necessários de tempo para que isso deixe de ser um problema. Aliás, se você pretende ficar cinco anos com as ações de uma empresa, por que exigir que sejam negociados milhões de reais diariamente? Levando ao extremo, bastariam apenas dois negócios: um para que a compra seja efetuada e outro para a venda. Não é demais lembrar que quem mais se favorece da liquidez é quem ganha com corretagens. O investidor pequeno deve preferir valor, empresas com perspectivas. É claro que isso não significa comprar ações que tenham apenas um negócio por mês ou por ano; pelo contrário, a maioria das ações desprezadas chega a ser negociada diariamente.

Em razão da menor liquidez, a operação com *small caps* dificulta a utilização eficiente do *stop loss*. No entanto, quem sabe por que comprou determinada ação, com base nos fundamentos da empresa, não se preocupa em adotar mecanismos de defesa do capital em razão do preço. O foco deve recair nos resultados para definir se a companhia selecionada continuará atrativa.

A ausência de alta liquidez de um ativo causa *spread* superior entre as ordens de compra e de venda, ou seja, a diferença de preço entre as ordens de compra e de venda tende a ser maior quanto menor for a liquidez do papel.

A falta de liquidez pode, no entanto, ser considerada uma grande oportunidade de compra de uma empresa por um preço bastante abaixo de seu real valor quando se age de forma prudente e paciente. O retorno maior que se costuma exigir para as empresas menos líquidas, diminuindo os preços atuais, premia o investidor que permanece tempo suficiente com o papel, sempre atento aos balanços que mostrarão a direção para a qual a empresa está sendo levada pela administração.

A ausência de liquidez facilita a distorção de preços, que tanto pode ser em relação ao preço caro demais ou ao excessivamente baixo, gerando oportunidades de ouro para o investidor adquirir ou vender suas ações. Portanto, os ativos que possuem essa característica não devem ser sumariamente menosprezados, diante da possibilidade de se localizarem opções com retornos significativos.

A impaciência, contudo, poderá ser o principal problema daqueles que investem em papéis menos negociados. Quando inexistem fatos que impactem nas cotações dessas empresas, o investidor pode aguardar o melhor momento para compra, que normalmente ocorre quando um investidor impaciente desiste de esperar pela valorização e tenta se desfazer de suas ações a preços convidativos. É claro que essa lógica não se aplica nos períodos em que se divulgam novas informações que possam representar um valor ainda superior ao ativo, como o caso de um balanço com forte crescimento do lucro recorrente, que inevitavelmente levaria a relação preço-lucro a um nível anormalmente baixo. Aliás, nessa situação, é muito provável que o investidor que deixou sua ordem de venda antes de conhecer os novos resultados não mais venderia suas ações àquele preço.

Além disso, a variável liquidez sofre mutações no tempo. Diversos ativos fizeram parte do principal índice da bolsa paulista e hoje são negociados apenas episodicamente. O contrário também ocorre com relativa freqüência. No final das contas, o mais importante é acompanhar a evolução do setor e dos resultados das empresas, que é o que determinará, no futuro, sua liquidez. Empresas que crescem ao longo dos anos costumam ganhar liquidez. Empresas sem perspectivas de melhorar péssimos resultados, ou que não acompanham o crescimento médio da economia, acabam definhando e também perdem importância.

O segredo, então, é escolher essas empresas antes que o mercado as descubra. A liquidez, por vezes, devido à grande valorização que vários investidores dão, pode resultar em avaliação excessiva a ativos, consumindo de antemão a valorização futura que esses ativos teriam. Considero, então, ser preferível ficar do lado daqueles que ganham pela paciência de esperar o aumento da liquidez das empresas a perder com aquelas que são extremamente líquidas hoje, mas podem deixar de sê-lo no futuro próximo, sem perspectivas de valorização.

Sobre empresas pequenas e de baixa liquidez, o resultado de pesquisa publicado no livro *Os Segredos da Bolsa*, de Robert A. Haugen (2000, p. 172) demonstra o que poucos comentam ao fazer as análises do mercado financeiro: as carteiras compostas por ações selecionadas com base em critérios de valor de empresas pequenas e de baixa liquidez geraram retorno de 7,11% sobre as demais opções do mercado antes da crise do México.

É sempre interessante comparar fatores que influenciam nas decisões de investimento em outros mercados. O que dizer, então, da liquidez dos imóveis? Como alguém tem coragem de comprar um imóvel se não pode negociá-lo pelo menos 10 vezes por dia? Entretanto, nem por isso os investidores deixam de comprar imóveis, mercado no qual igualmente possuem grandes *spreads* e dificuldades para fechar negócios. Aliás, se comparada aos imóveis, a maioria das *small caps* desprezadas possui liquidez absurdamente alta. Assim como acontece com as ações menos líquidas, caso o proprietário necessite de capital imediato, ele deve vender o imóvel com um bom desconto em relação ao valor de mercado. Mesmo assim, muitos investidores têm coragem de se concentrar nessas opções, sem se preocuparem com o fato de o mesmo imóvel não estar sendo negociado naquele instante.

Aliás, se houvesse um grande placar com todas as ofertas de compra e de venda de determinados tipos de imóveis de uma região, também seria provável haver negócios bem fora dos preços comumente praticados. Assim, é de se pensar realmente se para o investidor fundamentalista o atributo liquidez merece toda a ênfase dada pelos investidores em geral. Meu conselho: prefira sempre o valor.

CAPÍTULO

6

Oportunidades e Freqüência de Negociação das Ações

6.1. Freqüência de negociação das ações

O investidor é bombardeado por incentivos para aumentar a freqüência com que negocia as ações. A tecnologia cada vez mais facilita negociações frenéticas. Até mesmo pelo celular é possível enviar ordens de compra ou de venda para o pregão da bolsa paulista, uma realidade muito diferente da época em que as negociações eram realizadas de forma presencial.

Vários sistemas desenvolvidos para facilitar a tarefa de "operar no mercado" a partir da própria residência do investidor, os *homebrokers*, disponibilizam ferramentas de análises gráficas destinadas a indicar quando comprar e vender. Tudo isso incentiva mais negociações. No entanto, quanto mais você negocia, mais emolumentos, corretagens e impostos pagará.

A competência para ganhar dinheiro dessa forma deve ser ainda superior, pois apenas depois da quitação dos emolumentos, da corretagem e dos impostos é que sobrará lucro para você.

Zweig (Graham&Zweig, 2007, p. 55) alertou para os efeitos das negociações freqüentes no mercado da seguinte forma:

"Ao especular, em vez de investir, você diminui as próprias chances de construir riqueza e aumenta a de um outro."

Caso sua opção seja se manter negociando apenas o necessário para aproveitar as oportunidades verdadeiras que o mercado oferece, seus resultados não serão afetados de forma tão contundente pelos referidos custos.

Warren Buffett considera que "recomendar a conservação de alguma coisa por 30 anos é um nível de auto-sacrifício que você raramente verá em um mosteiro, menos ainda em uma corretora". (Buffett & Clark, p. 81)

Um motivo relevante para permanecer por um bom tempo com seus investimentos e não negociá-los a todo instante é que as operações nas bolsas apresentam uma soma negativa, ou seja, "os ganhadores recebem menos do que os perdedores porque a indústria suga dinheiro dos mercados" (Elder, 2004, p. 7). O investidor deve desenvolver uma forma de negociação com menor quantidade de transações, ao mesmo tempo em que deve buscar por menores custos de negociação.

Isso significa que enquanto um ganhou, por exemplo, 3%, outro perdeu 5% e a indústria ficou com outros 2%, independentemente do fato de o investidor que paga as taxas ter obtido retorno positivo.

As operações freqüentes, especialmente de *day trades*, em que se compra e vende ações no mesmo dia, se tornam ainda mais perigosas diante dos custos e dos riscos envolvidos. A ansiedade em comprar ou vender contribui para diminuir o retorno, pois o investidor acaba pagando mais na hora de comprar e aceitando receber menos para vender mais rapidamente, o que é denominado impacto de mercado. Os custos oriundos das transações parecem ínfimos se considerados isoladamente, um a um. No entanto, experimente realizar diversas operações e some por um período quanto você está pagando em razão de sua forma de investir. Depois, verifique em termos percentuais quanto você paga anualmente sobre o capital movimentado dessa forma.

Zweig (Graham & Zweig, 2007, p. 176) comparou esses custos a raspagens de lixa nos lucros das operações, comprometendo seus resultados. É possível que você consiga diversos êxitos. No entanto, "fazer isso com freqüência que justifique a atenção obsessiva que isso exige – mais o estresse que gera – é impossível".

Estudo realizado pelos professores Brad Barber e Terrance Odean (Graham & Zweig, 2007, p. 176-7), da Universidade da Califórnia, constatou, pesquisando as transações de mais de 66 mil clientes, que aqueles que trocaram mensalmente mais de 20% das ações efetivamente conquistaram retornos superiores ao mercado, ao menos em 0,5 ponto percentual ao ano. No entanto, após o pagamento dos custos de transação, o retorno ficava 6,4% ao ano inferior ao retorno médio do mercado. Aqueles que operavam com menor freqüência, girando menos de 0,2% da carteira por mês, tinham um tímido retorno superior ao do mercado, porém se mantinham melhores do que a média depois de considerados os custos das transações.

Portanto, muitos investidores que operam exaustivamente até conseguem retornos melhores que a média do mercado, especialmente em períodos mais curtos. No entanto, quando do cálculo do retorno são subtraídos os impostos e os custos de corretagem, o número de felizardos cai consideravelmente.

A ilusão das épocas de bonança, em que uma queda logo é seguida de uma alta estonteante, atormenta as pessoas, que, inclusive, chegam a cogitar o abandono de seus empregos regulares para se tornarem *traders*, negociando o dia todo. Talvez um longo período de queda e a contabilização dos diversos custos incorridos após sua "profissionalização" no mercado serão suficientes para que muitos repensem a "extrema competência" de que se consideram dotados.

Buffett (Tier, 2005, p. 100), por não gostar de pagar tributos sobre o ganho de capital, prefere manter suas posições de modo a diferir o pagamento dos impostos pelo maior prazo possível, ainda que seja para sempre.

Quando o investidor tiver interesse em diminuir sua participação acionária, é útil realizar um planejamento, de modo a se beneficiar da isenção de imposto de renda existente na hipótese de vendas mensais de ações no mercado à vista que não excedam R$20.000. Claro que isso não será cabível se houver uma forte causa de impacto negativo, surpreendente a ponto de tornar a posição na empresa insustentável, e a economia gerada com o imposto na venda parcelada for inferior à possível perda de capital.

Não há um critério fixo que defina qual percentual da carteira seria ideal girar periodicamente. Tudo dependerá da freqüência com que os ativos se manterão em preços irracionais, seja para cima, seja para baixo. Há períodos em que não será possível realizar novas compras, em razão dos preços excessivos das ações, assim como haverá momentos em que a quantidade de oportunidades de compra será abundante. O ideal é acompanhar a relação preço-valor no momento em que são divulgados os resultados trimestrais, quando se poderá definir se os ativos da carteira ainda guardam as premissas iniciais do investimento realizado.

Vera Rita de Mello Ferreira (2008, p. 192) considera que uma das formas de minimizar a necessidade de negociação freqüente é diminuindo a atenção diária aos preços das ações, evitando as reações emocionais derivadas das oscilações de preço.

A soma negativa das negociações de curto prazo no mercado, em que o objetivo acaba sendo tirar dinheiro de outros investidores, é minimizada quando o alvo é o longo prazo, em que todos podem lucrar com a melhora da empresa, o que acaba resultando em um mercado de soma positiva.

Quando a empresa melhora o desempenho, todos os investidores podem ganhar se isso se refletir nas cotações, não havendo necessidade de terceiros perderem capital.

Hagstrom (2008, p. 199) conclui que o gerenciamento ativo da carteira mais comumente praticado, cujo foco é comprar hoje o que poderá ser logo em seguida vendido com lucro, é fadado ao fracasso em razão das previsões não serem confiáveis e, ainda, em virtude dos custos decorrentes dessas transações. "Quando esses custos são considerados, torna-se evidente que o negócio de gerenciamento ativo de recursos financeiros cria seu próprio fracasso."

6.2. Momento para a compra das ações

A análise do melhor momento para compra de uma ação é abordada com mais freqüência sob o enfoque da análise técnica, que estuda, primordialmente, o comportamento dos gráficos. Entretanto, é possível identificar essas oportunidades de compra quando se analisa a relação de atratividade das empresas com base nos indicadores da análise fundamentalista.

O melhor momento para compra da primeira ação ocorrerá quando houver capital que atenda aos requisitos necessários para ser investido no mercado acionário, conforme discutido no primeiro capítulo, e for aberta a janela de oportunidade do mercado. É claro que não é preciso agir como Buffett (Buffett & Clark, 2007, p. 13), que fez seu primeiro investimento aos 11 anos e considerava que estava desperdiçando a vida até aquele momento. Quanto antes você ingressar nos investimentos acionários, mais poderá aproveitar o ciclo de desempenho favorável das empresas selecionadas.

O mercado em queda prolongada deixa o investidor em valor eufórico diante da grande quantidade de oportunidades que ocorrem no mesmo instante. Há anos em que os ativos estão muito depreciados e o investidor pode se limitar a comprar novas ações ou ampliar sua posição nas empresas que já integram sua carteira de ações. Essa é mais uma razão, inclusive, para sempre se manter uma reserva de capital na renda fixa: poder aproveitar tais oportunidades.

Robert T. Kiyosaki e Sharon L. Lechter (2004, p. 216) lembram que "é mais fácil encontrar grandes negócios em um mercado ruim do que em um mercado bom. Quando os mercados estão em má situação, os lemingues voltam para seus esconderijos. Nesse momento, os investidores aparecem e enriquecem".

Isso acontece com freqüência. As pessoas costumam começar a comprar ações após altas muito fortes da bolsa, o que aumenta consideravelmente o risco de se perder capital. Basta verificar o ritmo atual de ingresso de novos investidores pessoa física no mercado de ações brasileiro após a bolsa ter subido mais de 500% em seis anos, em comparação com o que acontecia na época da eleição presidencial no Brasil de 2002. Quando o mercado estava extremamente barato, o número de novos investidores caminhava a passos de tartaruga.

O melhor momento para aquisição de ações ocorre quando o mercado vira as costas para determinadas empresas, afinal, sob a ótica da relação preço-valor, quanto menor for o preço atual, maior será o desconto encontrado em relação ao valor, possibilitando ganhos de capital mais substanciais.

As janelas de oportunidades se abrem com mais intensidade nos momentos de crise, como aquela que surgiu do temor, não confirmado, dos investidores em relação à eleição de um presidente da República de esquerda no Brasil. É exatamente nessas ocasiões em que se deve verificar a atratividade dos indicadores fundamentalistas. O fato de as cotações caírem, por exemplo, 50%, não indica necessariamente a abertura da janela de oportunidade de compra, pois antes os preços poderiam estar ainda mais acima do valor justo.

As sucessivas quedas para quem está montando a carteira de investimento, portanto, devem ser vistas com bons olhos, pois significam maiores possibilidades de localizar opções de investimento atraentes, o que deve ser comemorado pelos investidores com foco no valor.

Ferreira (2008, p. 179) trouxe comentários sobre o princípio da reflexividade, alertando que "se todos os investidores fazem o mesmo, como comprar determinada ação, por exemplo, ela se valorizará em demasia, dissolvendo as chances de todos aqueles que a comprarem obterem lucros".

Nisso se baseia uma grande vantagem do investidor que sabe o que está fazendo, especialmente para aqueles que compram *small caps*, pois conseguem negociar com preços melhores em virtude da menor quantidade de "pretendentes". Quando os preços caem, o investidor que se preparou tem a competência e a confiança necessárias para avaliar o investimento e, inclusive, aumentar suas compras. O uso de técnicas como *stop loss*, com o intuito de interromper o prejuízo, em casos de queda de preço, certamente é necessário para quem não soube avaliar bem a empresa escolhida, pois o *stop loss* pode, na realidade, interromper um grande lucro futuro.

Quando é localizado o investimento que atende aos requisitos de valor, possuindo grande probabilidade de êxito, deve-se agir rapidamente, comprando a ação. Especialmente após a divulgação de um fato extremamente positivo, o que eleva bastante a segurança da decisão, não se pode titubear em razão de uma pequena porcentagem de variação entre o valor da oferta de venda disponível no mercado e o preço que se desejaria pagar. Isso porque é possível que, logo na seqüência, o fato publicado gere demanda forte pelo ativo e aquela ordem de venda que antes parecia cara pode virar um sonho distante de preço.

Esse fato ocorre quando, por exemplo, visualiza-se uma vantagem inédita para compra ou quando a empresa divulga um fato relevante de impacto, gerando lucros imediatos altíssimos ou perspectivas extremamente positivas.

Em determinadas circunstâncias, a análise prévia da empresa e das condições econômicas vigentes sugere que o resultado de uma empresa investigada será excelente, o que pode forçar o investidor a tomar sua decisão antes de ter um último elemento de certeza, como um balanço mais recente. Com a experiência, a perspicácia e a capacidade analítica de processar informações, será possível aumentar os retornos, agindo com mais rapidez. As melhores decisões são tomadas com a maior quantidade de informações, e estas vão se acumulando em sua carreira no mercado acionário. Isso não se adquire da noite para o dia.

A estratégia de comprar empresas em razão de suas perspectivas positivas de lucros pode ser denominada seletividade de curto prazo. Damodaran (2006, p. 159-60) reforça a importância de se escolher adequadamente o momento para efetuar a compra do ativo, destacando que "se pudermos realizar uma transação imediatamente após um anúncio de lucros, poderemos obter um ganho muito maior com a subida dos preços".

Essa é uma das vantagens da compra de *small caps* desprezadas. Como há poucos analistas acompanhando a evolução de seus resultados, a quantidade de surpresas em lucro é bastante superior.

No entanto, é necessário estudo prévio da empresa cuja divulgação de resultado está sendo aguardada para que a compra seja efetivada em tempo suficiente para aproveitar-se da surpresa. Você não terá tempo de fazer toda a análise necessária entre a divulgação do balanço e a efetivação de sua ordem. Assim, esta última informação, o balanço trimestral, deverá ser apenas mais um elemento para formação da convicção e não o desencadeamento de um longo estudo.

Isso se aplica especialmente quando o investidor aguarda uma última confirmação antes de realizar a compra de um ativo que estudou e constatou bom potencial de retorno.

É como se você estivesse pesquisando para comprar um carro. Você primeiro terá que verificar as alternativas de marcas e modelos, os acessórios que deseja, enfim, conhecer o mercado de carros. Quando surgir a oportunidade, por um preço que você considera atraente, saberá se está barato porque estudou previamente as opções disponíveis. No mercado acionário, tal como na compra de veículos, são necessários pesquisa e conhecimento.

Muitas vezes será preciso esperar para comprar a empresa com a cotação que você deseja, pois o mercado também passa por momentos em que o preço é muito alto em relação ao valor que as empresas oferecem. Como a escolha de empresas sem desconto aumenta a possibilidade de prejuízos, é preferível ter o dinheiro em outros mercados de investimento em vez de vê-lo sendo corroído por uma compra sem margem de segurança.

A melhor forma de comprar ações é agindo de forma comedida, ao longo do tempo. Quando decidir a quantia de capital que será destinada ao mercado, não se deve realizar a compra toda de uma vez só, pois você pode ter a infelicidade de encontrar o mercado em um topo. Comprar as ações sistematicamente, por um longo período e enquanto o mercado estiver com as cotações mais baratas, aumenta a quantidade de ações adquiridas. Isso porque, com uma mesma quantia de capital, uma maior fatia da mesma empresa é adquirida quando suas cotações caem.

Zweig ressalta a importância de ter um controle das compras realizadas desta forma: "Se você não está preparado para manter um registro permanente e exaustivamente detalhado de suas aquisições, é melhor nem começar a comprar." (Graham&Zweig, 2007, p. 154)

O investidor em valor de sucesso tem a perspicácia de não entrar em ondas especulativas que ocorrem com maior freqüência em determinados papéis de liquidez reduzida. Esses movimentos iniciam-se com uma alta que atrai mais gente para o jogo. Quanto mais tempo a alta se estender, maior o número de pessoas que desejarão participar do movimento. Quem decide participar do movimento, no entanto, e não analisou o valor que está levando por aquele preço pode acabar fazendo a operação de compra no ápice do calor da negociação, correndo o risco de se tornar um daqueles que se apresenta por último para pagar a conta. É um típico caso de ausência de controle.

Um exemplo de empresa que viu suas ações subirem sem qualquer explicação razoável foi a Inepar Telecomunicações S.A., no início de 2007. Enquanto a empresa apresentava resultados negativos desde o ano 2000, acumulando um patrimônio líquido negativo de R$17 milhões, suas cotações chegaram a representar um valor de mercado superior a R$1 bilhão! Nada mal para uma empresa que há muito tempo sequer tem atividades, aguardando apenas o momento de efetivar "medidas visando à paralisação das atividades operacionais da empresa", conforme relatório da administração que acompanhou o balanço do ano de 2006. Quem pagou R$22,89 pelas ações da companhia em 1º de fevereiro de 2007 poderia vendê-las com uma perda de 98,56% um ano e meio depois, por R$0,33, conforme preço de fechamento de mercado no dia 18 de julho de 2008. Veja nos gráficos a seguir a que ponto chega a irracionalidade do mercado: no primeiro, o valor de mercado da empresa durante o ano de 2007; no segundo, os resultados (prejuízos) líquidos desde o ano 2004:

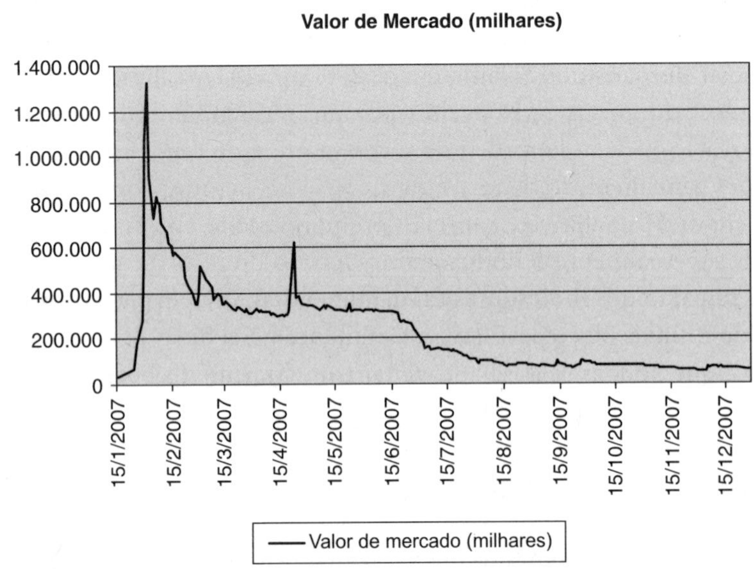

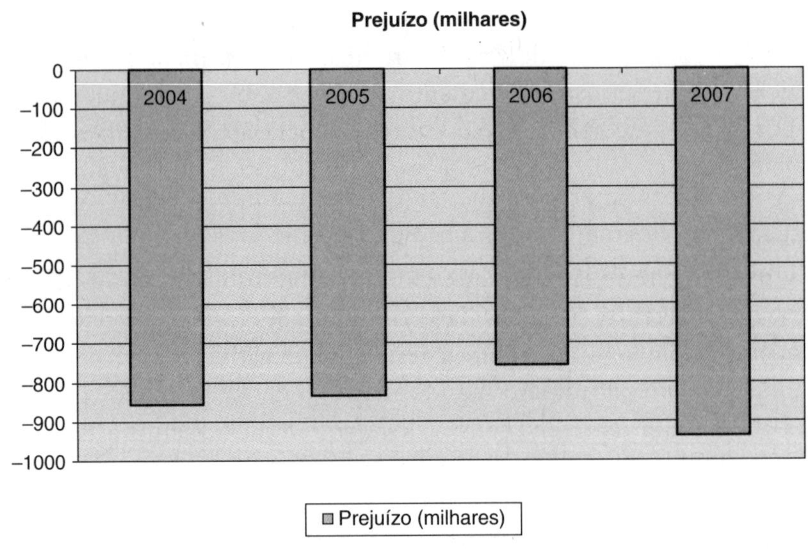

Elder (2004, p. 30) compara a realização desse tipo de operação no mercado da seguinte forma: "Comprar no momento mais movimentado do dia é como abrir a porta do carro em uma via expressa com tráfego intenso."

Outro momento que incentiva muitas pessoas a comprar ações se dá quando as empresas realizam divisões de ações. Essa procura "extra" em decorrência do desdobramento acaba aumentando o preço total da companhia. Com base puramente na análise de valor, não há lógica no movimento, pois, independentemente do número de ações no mercado, o valor da empresa deve ser medido por seus resultados, não por sua quantidade de ações e respectivas cotações.

Apesar disso, estudo (Damodaran, 2006, p. 141) realizado entre 1975 e 1990 mostrou que as divisões dois-por-um resultaram em valorização média de 1,01% para as empresas de maior porte e de expressivos 10,04% nas cotações para as empresas de menor porte. "Os pesquisadores atribuem isso a um efeito de sinalização, ou seja, só empresas que esperam que os preços de suas ações aumentem no futuro anunciarão divisões de ações." Todavia, sem o respaldo dos indicadores fundamentalistas, essas expectativas não passarão de insinuações especulativas facilmente percebidas pelo investidor de sucesso, que poderá delas se aproveitar para fazer novos bons negócios.

6.3. Análise de manutenção

Após a escolha das ações que comporão a carteira do investidor, acaba uma etapa inicial da rotina de investimentos e começa a de manutenção, igualmente importante.

Decidir quais ações comporão a carteira é apenas a metade do percurso. Após isso, inicia-se o contínuo processo de administrá-la, intimamente ligado a aspectos emocionais que influenciam as decisões realizadas no mercado.

As oscilações de preços, que tanto afetam as emoções, estão lá, na verdade, para servir ao investidor e não para vitimá-lo. São essas oscilações que criam ótimas oportunidades para a realização de compras ou vendas. Além disso, na maior parte do tempo o investidor ficará ocupado exatamente com essa fase de acompanhar os resultados e receber os dividendos.

O investidor que baseia suas decisões na análise fundamentalista não precisa de um acompanhamento diário minucioso; pelo contrário, como o foco é muito diferente das oscilações diárias de preços, o mais importante é acompanhar os balanços trimestrais, verdadeiras fotos da fase que a empresa atravessa, e que é disponibilizado gratuitamente ao mercado.

Assim, a periodicidade de análise das empresas selecionadas pode ser trimestral, para constatar se elas continuam atraentes para manutenção em carteira, por meio da verificação dos múltiplos fundamentalistas comparados. Algumas informações de impacto são divulgadas aleatoriamente, sem a previsibilidade dos balanços. Por essa razão, a leitura diária de um bom jornal da área econômica e, fundamentalmente, do *Boletim Diário de Informações* (BDI) da Bovespa, será bastante útil para a tomada de decisões em prazos menores.

O mercado pode demorar a perceber a melhoria do desempenho de uma empresa, o que lhe trará novas oportunidades de aumentar posições nos ativos constantes na carteira do investidor, enquanto a empresa prospera.

Quem conseguir acompanhar o pregão da Bovespa, durante a safra de balanços, pode se valer do plantão Bovespa, conforme link disponível no site da bolsa paulista, em que são agrupados e informados todos os fatos relevantes e resultados, assim que divulgados. Você, então, terá rapidamente informação importante para a tomada de decisão. Quando o resultado do primeiro trimestre é divulgado, por exemplo, pode ser feito um rápido cálculo do lucro líquido trimestral por ação, multiplicando-o por 4, como se ele se mantivesse pelo decorrer do período de 1 ano. Divida o resultado pelo preço da ação e terá o P/L projetado, considerando o último lucro trimestral. É claro que esse cálculo simples ganha em velocidade, mas despreza importantes fatores, como resultados sazonais e fatores extraordinários que influenciaram os balanços. Isso não pode ser ignorado.

Outro fator que pode gerar reações, especialmente entre os investidores menos atentos, é a base de comparação do resultado trimestral. Por vezes, a notícia veiculada nos meios de comunicação sobre o mercado acionário não é completa, como: "Aumento de 1.000% no lucro!" Esse dado, isoladamente, nada vale – seu efeito é meramente psicológico, pois o ano de referência pode ter sido péssimo e o lucro em termos absolutos pode ter aumentado de apenas R$1.000 para R$10.000, por exemplo. O contrário também é válido. Décio Bazin (2006, p. 126) fez uma ótima analogia acerca da importância de ficar atento durante a fase de manutenção da carteira de investimento, ao dizer que o investimento no mercado acionário não é como plantar uma árvore em um pomar e esperar. "Você pode ter escolhido a semente errada ou não ser apropriado o solo em que plantou a árvore e, no final, depois de muitos anos, poderá não haver nem frutos nem sombra."

Por essa razão é perigoso o investidor decidir que investiria em determinada empresa e começar a comprar suas ações mês a mês, sem analisar como andam os resultados corporativos. Em muitos casos, é claro, a estratégia dá certo. Mas já imaginou se logo a empresa escolhida tornar-se uma daquelas que sucumbem no tempo? Mesmo com toda a disciplina, o método não será suficiente para sua independência financeira.

Para decidir quais ativos manter, o investidor não deve se apegar à escolha de manutenção daquelas que caíram e sair vendendo as ações que subiram. O critério adequado não é a variação de preços e sim a reavaliação constante para saber se o preço ainda oferece desconto em relação ao valor. Em determinadas circunstâncias, uma grande queda pode ter sido acompanhada de uma piora ainda mais substancial dos resultados e das perspectivas de uma companhia.

Quando o investidor se depara com o efeito manada, em que ações sobem continuamente, ou então caem em ritmo intenso, é necessário ter o discernimento de analisar a legitimidade do movimento. Há diversos movimentos que começam por motivos legítimos, ligados a empresas que efetivamente possuem boas perspectivas. À medida que as ações sobem, novos integrantes, com visões diferentes do mercado, como aqueles que seguem a análise técnica, continuam alimentando a alta. Você pode ganhar muito com isso, sabendo manter suas ações durante o prazo correto e vendendo-as aos poucos, conforme a irracionalidade toma conta do mercado.

As oscilações de preço de curto prazo refletem estados emocionais das pessoas que as levam a reagir exageradamente, muitas vezes apenas ao próprio preço, como é o caso de quem vê a cotação cair e, apenas em razão disso, vende. O investidor que usa a razão na análise de valor não cairá nessa armadilha; antes de ingressar no mercado, já terá analisado os fundamentos do capital que irá investir.

Graham (Hagstrom, 2008, p. 224) criou o personagem "Sr. Mercado", que aparece diariamente oferecendo uma nova cotação para a empresa que você possui na carteira. Ele é dotado de um temperamento bipolar. Em determinadas circunstâncias, está eufórico e disposto a pagar qualquer preço por tudo que aparece pela frente. Em outros momentos, está depressivo e oferece preços ínfimos por suas posições acionárias. Seu trabalho, durante essas oscilações, é saber discernir o que é melhor fazer conforme a análise preço *versus* valor.

Com efeito, o mercado reage de forma exagerada às informações de curto prazo, afetando inclusive a movimentação de alguns preços no longo prazo. Durante o período de manutenção dos investimentos, certamente você será tentado diversas vezes a seguir a última onda de compra irracional do mercado, provocada por erros de julgamento. "A tentação de seguir a multidão é tão forte que os erros acumulados de julgamento só se multiplicam. Em um mar turbulento de comportamento irracional, os poucos que agem racionalmente podem ser os únicos sobreviventes." (Hagstrom, 2008, p. 232)

O fundamental é ter uma carteira de ações constituída por empresas que apresentam excelentes perspectivas, o que é a parte controlável de seu investimento. O que o mercado fará com os preços não deve deixá-lo nem eufórico nem preocupado. É necessário utilizar a razão, lembrando o que Graham ensinava (Hagstrom, 2008, p. 53-4), de que as ações possuem características de investimento e de especulação.

As características especulativas decorrem das emoções dos investidores, como o medo e a ganância, fatores determinantes para que os preços estejam acima ou, o que é melhor, abaixo do valor justo. O caminho, então, é controlar as emoções e valer-se do comportamento irracional dos demais atores do mercado que compram ações movidos pela emoção e não pela lógica.

6.4. Momento para a venda das ações

O terceiro momento a ser considerado durante a fase de investimento é a partir de quando se deve começar a vender as ações adquiridas, ou seja, depois de mantê-las pelo tempo necessário, conseguir detectar o momento em que a janela de saída será aberta. Esse estudo tem a mesma importância que os demais, pois você pode estar diante de uma oportunidade de sair de uma posição com um lucro alto, quando o preço está acima das perspectivas futuras da empresa avaliada.

Kiyosaki & Lechter (2004, p. 75) consideram que "para os investidores profissionais, a saída é uma área de estudos muito importante. A maioria dos investidores amadores compra, mas não pensa na saída".

No mesmo momento em que a empresa é avaliada e efetuada a compra, o investidor também deve estabelecer a partir de que preço é válido iniciar o estudo para a realização dos lucros. Não é recomendável que os valores sejam próximos, pois isso implicaria alta probabilidade de ingresso no jogo das negociações diárias, que sabidamente, ao longo do tempo, corrói os ganhos das boas decisões.

Elder (2004, p. 281) considera que os mesmos indicadores utilizados para pesquisar as oportunidades no mercado devem formar a base para fundamentar a venda das ações. "Se seus indicadores estiverem em sintonia com o mercado quando for hora de comprar ou operar a descoberto, use-os também para determinar o momento de vender ou cobrir as posições." Ou seja, sob a ótica fundamentalista, quando a empresa apresentar os indicadores P/L, P/VPA, PSR, Preço/Ebitda e DY, conforme referido no Capítulo 2, acima da média do mercado, sem que haja razões nas perspectivas futuras para sustentar esse excesso, você pode estar diante de um bom momento de vender suas ações.

Fischer considera (Tier, 2005, p. 59) três oportunidades para venda das ações: a primeira decorre de erro de avaliação, e a empresa não atendeu aos critérios estabelecidos para seleção. A segunda é quando a empresa muda e deixa de atingir os requisitos, como pode ocorrer com uma alteração de controle ou quando ela não pode mais apresentar um bom crescimento. A terceira é quando se está diante de uma oportunidade imperdível e a única forma de aproveitá-la é vender uma posição menos atrativa.

Quando os preços começam a subir de forma surpreendente, sem motivo razoável, é recomendável realizar os lucros aos poucos, especialmente se forem ativos que entraram na moda do mercado. Após a venda, não havendo mais empresas que ofereçam margem de segurança adequada para remuneração do capital, esse é um bom momento para recompor sua parcela na renda fixa, em fundos imobiliários ou, ainda, em outros investimentos que ofereçam proteção e que não oscilem na mesma direção e intensidade que o mercado acionário.

Uma das grandes problemáticas que arruína enormes potenciais de retorno é o fato de os investidores venderem cedo demais as posições acionárias, ao menor sinal de lucro, em razão do medo de perder dinheiro. A venda deve ser efetuada apenas quando o valor real da empresa deixa de ser refletido no preço do mercado. Isso não significa que variações de 20%, 50% e 100% sejam sempre suficientes, uma vez que o desconto inicial pode ser ainda maior. Não serão raras as vezes em que o momento de vender surgirá após altas superiores a 3.000%. Além disso, novos resultados e notícias de impacto divulgados pela empresa ensejam a melhora de seu real valor. A alta inicial, nesse caso, pode ser apenas o prenúncio de um novo patamar de preços, mais elevado, a ser atingido.

Os lucros e as perdas causam ansiedade ao investidor. Quando inicia o lucro, o medo é que ele suma no primeiro sinal de queda do mercado, o que motiva a venda precipitada. Isso torna fundamental a observância de critérios para definir a atratividade dos investimentos, minimizando a ansiedade sobre a dúvida quanto a se é ou não o momento de se realizar os lucros. Quando o investidor avalia previamente a empresa, fazendo seu dever, aumenta a probabilidade de acertar se a alta é desmotivada ou se o prejuízo eventualmente incorrido é justo. Aliás, o investidor acaba mantendo com mais facilidade as ações com perdas, na esperança de que elas venham a se recuperar.

As ondas especulativas são excelentes momentos para a realização de lucros, o que ocorre especialmente em papéis de baixa liquidez diante da facilidade de distorção dos preços. O mercado escolhe, de vez em quando, um ativo para "brincar", que pode coincidir com um daqueles selecionados por você, enquanto era desprezado. O investidor preparado sabe a partir de qual preço a brincadeira foi longe demais e se é momento de tirar o time de campo.

Após o primeiro grande êxito nos investimentos, coroado pela realização de lucro após altas espetaculares, ainda será possível manter uma posição no papel que já alcançou o objetivo fixado por você, a fim de testar até onde a irracionalidade pode levar às cotações. Com o dinheiro ganho ainda será possível começar a plantar novas sementes. A partir de então, começará o novo círculo virtuoso. Quanto maior a quantidade de oportunidades localizadas, maior será o número de vezes que você poderá aproveitar os momentos de insanidade de mercado.

Euforias de curto prazo costumam ocorrer com empresas que anunciam novas formas de negociação de seus ativos, as quais acabam por diminuir o valor a ser pago para aquisição de um lote de ações e, também, o valor unitário da ação.

O investidor em valor fica preocupado quando sua carteira de ações sobe muito, o que diminui sua margem de segurança e pode significar que muitas ações podem estar no valor justo, ou, o que é pior, acima dele, ocasião em que pode ser necessária a venda.

Buffett (Buffett & Clark, 2007, p. 19) considera que se deve "investir como um católico se casa: para o resto da vida", muito embora ele (p. 23) tenha vendido todas as suas ações em 1969, no auge da bolsa, voltando com força em 1973 e 1974.

O investidor de sucesso não é influenciado pelos erros de julgamento de curto prazo de outros investidores na hora de decidir o que vender, pois consegue chegar às suas próprias conclusões e sabe descobrir o momento certo de agir.

6.5. Recompra de ações *versus* oferta pública inicial

Um tema bastante interessante sobre o mercado acionário diz respeito às aberturas de capital das empresas, as chamadas IPOs, e os programas de recompra de ações anunciados. São momentos da existência de uma empresa com significados bem distintos, mas o mercado não costuma reagir de forma muito adequada.

O Brasil vivenciou, a partir de 2004, com seu pico no ano de 2007, um grande volume de aberturas de capital, após um longo período de poucos negócios nesse sentido, dado o achatamento dos preços vigentes em tempos pretéritos.

As mais aguardadas aberturas de capital eram extremamente concorridas. Várias empresas apressaram-se para ingressar nessa onda e aproveitar o raro momento de vender qualquer coisa a qualquer preço. Em períodos de euforia, muitos deixam de olhar o que estão levando pelo preço que pagam, acreditando que o importante é não perder cada oportunidade de reservar um lote para vender com lucro no dia da abertura das negociações, operação esta que tem sido invocada pelo aportuguesado verbo "flippar", sendo seus praticantes chamados de "flippers". Isso funcionou por um bom tempo, até que a aversão ao risco dos investidores, em resposta à crise internacional vivenciada nos Estados Unidos, indicou que a janela estava sendo fechada. O golpe fatal na farra ocorreu quando os resultados corporativos começaram a indicar que os preços estavam caros e demonstravam que o mundo maravilhoso projetado nos preços não era tão cor-de-rosa assim.

Isso custou caro a investidores ávidos por lucros rápidos e fáceis. Era o mais novo meio descoberto de enriquecimento em tempo recorde que se transformou em pesadelo para quem adquiriu papéis de empresas excessivamente caras. Algumas manchetes de jornais têm relevado, atualmente, muito do que houve por trás de tantas aberturas de capital.

A questão é: Quantos efetivamente fazem a conta do que estão pagando nas IPOs? Empresas sem histórico e tamanho foram lançadas a valores superiores a outras disponíveis no mercado e que tinham resultados consistentes há tempo, não se tratando de apenas promessas. A grande diferença foi o tamanho do desprezo que separou essas últimas de todas aquelas badalações que cercavam as primeiras.

No entanto, a euforia alucinante inicial aos poucos foi dando lugar à realidade e, em alguns casos, indicando algo próximo a preços de mercados com sinais de depressão. Vários ativos de IPOs recentes, especialmente de construtoras e bancos médios, passaram a apresentar negócios muito abaixo do valor inicial, em alguns casos com baixas superiores a 60%. Algumas dessas empresas, inclusive, são negociadas abaixo do valor patrimonial por ação. O mais interessante é que boa parte cumpriu efetivamente o plano prometido na abertura de capital. Há, portanto, pouca lógica para explicar o que leva o mercado da euforia à depressão em questão de meses.

Uma coisa é certa: quem comprou o ativo pelo dobro do preço atual e o vende agora, independentemente de ser justo ou não o movimento, não sabe até hoje a razão de ter realizado a subscrição de ações na oferta inicial.

O grande problema é que as ofertas públicas iniciais carregam em seus preços um custo muito alto referente à propaganda e ao fato de estarem nos holofotes. Nas ofertas iniciais dificilmente serão realizados grandes negócios para quem compra.

A oferta inicial de ações sinaliza, inclusive, que o próprio "dono" da empresa, que é quem mais sabe sobre seus resultados e perspectivas, considera o preço sugerido para abertura de capital convidativo para venda ou diluição de sua participação na companhia.

Um movimento muito mais interessante para o investidor, algo como a operação contrária à oferta inicial de ações, é um programa de recompra. Nesse instante, o controlador da empresa mostra que considera que vale a pena começar a comprar as ações da empresa em determinado patamar de preços.

Há também a compra das ações diretamente pelos controladores, como pessoa física, que é quase como uma compra de ações por *insiders*, pois são eles que possuem mais informações para definição do patamar de preços atraente.

Os programas de recompra de ações pela companhia são anunciados por meio de fatos relevantes e a compra de ações pelos controladores pode ser visualizada no boletim de posição consolidada mensal, ambos disponíveis no site da Bovespa.

A recompra de ações traz vantagens para o investidor. Com a mesma participação acionária, haverá, proporcionalmente, um lucro por ação superior quando subtraído do total de ações aquelas que estão na tesouraria da empresa. É um benefício para todos os investidores, que deve ser ponderado com eventuais custos financeiros excessivos decorrentes da operação de recompra. A empresa deve ter caixa adequado para viabilizar o programa.

É essencial verificar se a recompra é realizada a um preço razoável ou se ocorre no ápice das cotações para sustentá-la em níveis astronômicos. Felizmente, a maioria das recompras é anunciada após grandes quedas das ações, podendo sinalizar bom momento para apreciar a atratividade de compra da empresa sob a premissa preço *versus* valor.

Buffett (Hagstrom, 2008, p. 123) sente-se duplamente recompensado quando há recompra de ações a preços abaixo do valor justo, pois "se o preço da ação de uma empresa for US$50 e seu valor intrínseco for US$100, a cada vez que a gestão compra suas ações, está adquirindo US$2 de valor intrínseco para cada dólar gasto".

Diante de todos esses aspectos, parece ser forçoso concluir que o mercado não reage muito adequadamente nem nas situações em que há ofertas públicas iniciais nem naquelas em que são anunciados programas de recompra de ações. Afinal, se os controladores sinalizam, quando da recompra, que os papéis da empresa estão baratos, parece ocorrer o contrário quando abrem o capital, em que muitos oferecem sua participação ou a diluição dela.

CAPÍTULO

7

Comportamento do Investidor

7.1. A definição dos objetivos

O investidor define seu plano de investimentos, escolhe a estratégia que irá adotar, analisa todos os aspectos de cada opção, suas fontes de informações e o tipo de empresas que pesquisará. Nada disso adiantará, no entanto, se não estiver preparado emocionalmente para ser um investidor de sucesso, sabendo usar a razão no mercado mesmo nos instantes em que as oscilações de preço causam sensações emocionais de alta voltagem.

Grandes investidores têm um passado de superação que os tornou ainda mais fortes psicologicamente. Não há como separar a vida do que ocorre com os investimentos. Assim, a mesma capacidade de superar as adversidades que surgem no cotidiano também deve ser exercida na bolsa de valores. O comportamento do ser humano aqui também faz toda a diferença.

O fato é que se as pessoas continuarem seguindo sempre na mesma direção, e isso já evidenciou que os resultados almejados não foram atingidos, algo deve mudar, pois, se for feito sempre o mesmo, só se pode esperar sempre o mesmo resultado.

Portanto, de nada adianta estudar a técnica se você não consegue controlar seus impulsos durante o pregão.

Um exercício interessante para o investidor saber o que fazer para melhorar o desempenho no mercado acionário é responder três questões básicas: onde quer chegar, onde está e o que já sabe. É necessário que você se conheça bem, tanto tecnicamente quanto com relação ao comportamento.

Primeiramente, você deve definir onde quer chegar, que nível de conhecimento e comportamento no pregão deseja atingir, estabelecendo datas, pois qualquer projeto sem data nada mais é do que mera intenção. O segundo passo é definir o conhecimento e as atitudes já incorporados, ou seja, que tipo de análise sabe fazer, que comportamento consegue manter durante as oscilações de preços e, inclusive, com qual capital começará sua vida de investidor. A distância entre onde você quer chegar e onde está é que dará o norte a seu plano de ação, o que deve fazer para atingir o objetivo. Talvez seja necessário melhorar a técnica, por meio do estudo dos balanços das empresas, ou aprender a adotar comportamentos específicos durante os diversos cenários que o mercado apresenta. Busque esses novos horizontes para sair dos mesmos resultados. Para isso, será necessário estar disposto a aprender e mudar os comportamentos.

Elder (2004, p. 15) considera que "o investidor bem-sucedido é realista. Sabe que suas capacidades são limitadas. Vê o que está acontecendo no mercado e sabe reagir aos fatos".

De acordo com Kiyosaki & Lechter (2004, p. 116), dentro de nós há um perdedor e um vencedor, e uma das razões para as pessoas não conseguirem desenvolver todo seu potencial financeiro é o fato de não permitirem que sua parte vencedora ganhe. Se você estiver falando muitas vezes que acha impossível fazer alguma coisa e "deseja respostas fáceis para investir, talvez os fundos de investimento sejam melhores para seu caso". (p. 189)

É fundamental, portanto, que sua mente esteja apta a executar o plano, a fim de que você consiga estabelecer um novo hábito nos investimentos em harmonia com uma nova estrutura emocional, estratégia mental e valendo-se das habilidades técnicas necessárias.

Uma das principais razões que diminuem a propensão dos investidores a aplicarem na bolsa e que deve ser trabalhada por aqueles que pretendem ingressar nesse mercado é o que se chama de aversão assimétrica à perda. Hagstrom (2008, p. 228) discorre que a dor provocada pela perda de capital é muito superior à satisfação provocada pelo ganho da mesma quantia. Experimentos realizados por Thaler e outros comprovaram que as pessoas precisam do dobro de ganhos para conseguirem superar psicologicamente as perdas, ou seja, "as desvantagens exercem impacto muito maior do que as vantagens, o que representa um aspecto fundamental da psicologia humana". (Hagstrom, 2008, p. 228)

Isso explica muito da aversão que investidores têm ao fazer investimentos em ações, especialmente quando se trata de escolhas individuais realizadas em função de pesquisas próprias. Para compensar uma perda com um investimento em ações, o investidor só se sente recompensado ganhando o dobro dessa perda em uma outra aplicação acionária. Essa constatação fica bastante acentuada quando a opção pelo investimento ocorre entre as empresas em situação especial.

7.2. Comportamentos positivos do investidor

O investidor de sucesso segue uma série de comportamentos que o ajudam a aumentar a probabilidade de êxito na trajetória em busca do sucesso financeiro.

O primeiro comportamento é referente ao **controle de gastos**. É impossível alguém conseguir alcançar a independência financeira se prosseguir consumindo mais do que seus ganhos comportam. A única coisa que alguém pode administrar com esse comportamento é o que irá pagar antes, e não a melhor aplicação a ser realizada. Durante o início da empreitada, o investidor de sucesso deverá passar pela fase de economias, para formar seu "bolo", para, depois, multiplicá-lo.

A mente determina muito do destino do investidor. Assim, ele deve saber **controlar as emoções**. Elas são inevitáveis durante o processo de investimento, em razão da natureza de oscilações do mercado de renda variável. Essa é a parte que pode ser controlada, ou seja, o próprio comportamento. O mercado é incontrolável, sendo bastante apropriada a metáfora utilizada por Elder (2004, p. 43): "O navegante não controla o oceano, mas é capaz de controlar-se a si mesmo."

O investimento deve ser levado a sério e não ser tratado como um jogo. A **seriedade do investidor**, portanto, evita o ingresso em ondas meramente especulativas. Seu foco está no ganho consistente, e não em episódios fortuitos de irracionalidade. Ele deve saber enxergar a realidade.

Paulos (2004, p. 25) lembra que "os fundamentos das empresas não se alteram com tanta ligeireza quanto nossas reações temperamentais às notícias sobre eles".

Sobre a capacidade de perder até 50% em uma opção de investimento e manter-se tranqüilo, Buffett acrescenta que "enquanto você se sentir bem em relação aos negócios que possui, receberá os preços mais baixos de braços abertos". (Hagstrom, 2008, p. 221)

Para conquistar o sucesso nos investimentos, é necessário também cultivar **hábitos mentais propícios**, que tornarão a trajetória de sucesso nos investimentos quase automática, especialmente quando se atinge o estágio de competência inconsciente. Sua mente deverá acreditar que você é capaz de localizar empresas subavaliadas desprezadas. Os grandes investidores têm hábitos mentais tão poderosos que conseguem superar com facilidade as oscilações de mercado e enxergar com clareza o cenário que se desenha e as oportunidades que surgem.

Os investidores de sucesso são **prudentes**. Conseguem manter-se com os pés no chão durante a euforia que toma conta do mercado nas altas e não se desesperam vendendo tudo durante as baixas. A prudência começa previamente, na seleção dos investimentos.

A **paciência** é outro importante comportamento fundamental para o êxito no mercado acionário. Você não precisa operar todo o tempo. Tem que saber esperar o fruto amadurecer para colhê-lo na plenitude. Logo que você comprar ações de uma empresa promissora, não haverá qualquer garantia de que ela será a próxima eleita do mercado para atingir cotações recordes. Pelo contrário, isso pode demorar bastante tempo e o investidor deve selecionar bem o capital para aplicar em empresas que podem ser descobertas pelo mercado. É ideal, portanto, exercitar a paciência ao selecionar várias opções que a requeiram para que se consiga mantê-la durante o tempo necessário.

A paciência durante o período inicial de "garimpagem" das empresas que comporão seu portfolio é igualmente importante. O tempo utilizado em uma boa seleção pode ser poupado com a maximização do retorno no longo prazo. Provavelmente as opções de investimento hoje facilmente localizáveis no mercado não serão as que estarão, daqui a 10 anos, entre as mais rentáveis. A busca das grandes oportunidades poderá trazer retornos surpreendentes. Quem não realiza com paciência essa pesquisa possivelmente será o primeiro a reclamar dos resultados que suas escolhas precipitadas conseguirão atingir.

A **disciplina** é essencial. Conseguir manter o foco e seguir o plano traçado, adaptando-o com base em cenários mais longos, ajudará bastante no caminho do sucesso. O investidor deve ter a **capacidade de seguir investindo nas melhores opções**, independentemente do que a massa de integrantes do mercado esteja fazendo. É mais confortável investir conforme a multidão, mas, no longo prazo, o que vale não é seguir esse movimento e sim ter escolhido as empresas corretas. As massas vão e vêm, e podem escolher um dos ativos que compõem sua carteira para ser o próximo centro das atenções.

Bazin (2006, p. 106) destaca que "em matéria de dinheiro, na bolsa como na vida, você está sempre só. Prepare-se para tomar atitudes sozinho e também para nunca repartir responsabilidades nem vantagens".

Esse comportamento de seguir conforme a razão, ainda que esteja sozinho, evitaria a compra de ações de diversas empresas que abriram capital no ano de 2007, quando todos estavam eufóricos diante das "oportunidades". Permitiria também começar a comprar esses mesmos ativos agora que ninguém mais quer e custam menos de 60% do valor inicial.

Buffett (Kiyosaki & Lechter, 2004, p. 29), por exemplo, não seguiu a febre das ações de tecnologia que estourou no ano 2000. Pouco antes desse estouro, ele era criticado por alguns comentaristas financeiros respeitados porque estava "afastado do mercado". Quando a insanidade do mercado deu lugar à razão, quem perdeu dinheiro não foram os que estavam sendo considerados afastados e deixavam de seguir a multidão.

É claro que é interessante consultar pessoas de confiança para checar informações e aumentar a convicção das decisões, mas o objetivo jamais deve ser terceirizar a decisão. A pessoa consultada também deve adotar uma linha de raciocínio própria, que sirva para complementar a sua, aumentando a probabilidade de êxito.

Aliás, o investidor inteligente não tem necessariamente um QI espetacular ou notas escolares para serem emolduras. Nada disso! O investidor inteligente é paciente, disciplinado e está em contínuo aprendizado. Além disso, controla seus impulsos e tem pensamentos próprios. O mercado passa por diversos momentos e, de vez em quando, novas tentações aprofundam a vontade de seguir a manada. O autocontrole é fundamental, especialmente em razão do risco de você ser convidado a entrar no jogo para pagar a conta.

O investidor deve estar sempre em busca do **aprimoramento do conhecimento**. Esse conhecimento deve ser bem aplicado, o que diferenciará o retorno financeiro no mercado de ações.

Quando uma opção que pareceu ser uma boa oportunidade de investimento não apresenta êxito, é o momento de parar e refletir sobre as causas que impediram um resultado melhor. É preferível aprender com os erros dos outros, o que sai muito mais barato, mas, quando o erro é nosso, o problema é insistir nele. Deve-se buscar alternativas para minimizar os impactos que sua decisão pode representar em seu patrimônio, evitando que se caminhe a passos largos para um futuro menos tranqüilo em termos de acúmulo de capital. Ganhar dinheiro não é o único objetivo imediato de quem está em busca do aprimoramento. Deve-se buscar, também, aprender a ser um investidor melhor.

O aprimoramento contínuo permitirá a você ter a mente sempre ativa, independentemente da idade. O investidor de sucesso, caso necessário, aprofunda as pesquisas além daquilo que os atuantes médios do mercado fariam. Ele não se contenta com o mínimo, o que faz nascer decisões mais fundamentadas e seguras. Suas pesquisas, em decorrência disso, superam a análise das empresas triviais.

Além disso, para que o aprimoramento seja mais efetivo, o investidor deve conhecer o que faz bem e desenvolver o que ainda não está a contento. Em determinadas situações, o sucesso depende de apenas mais um fator comportamental a ser desenvolvido. Ninguém nasce sabendo, e deve-se utilizar o tempo que for necessário para desenvolver sua habilidade para selecionar boas empresas, verdadeiras sementes de seu sucesso financeiro, e manter a tranqüilidade até a hora da colheita. São esclarecedores os comentários de Smith (2005, p. 93) sobre o tema, ao dizer que, enquanto alguns *traders* e investidores consideram que estão suficientemente qualificados para sobreviver no mercado com um prazo exíguo, de 6 meses a 1 ano, "médicos, engenheiros, advogados e qualquer outro profissional levam uma década ou mais para chegar ao topo da carreira".

A **persistência e a determinação** são outros fatores fundamentais, pois evitam que a primeira pedra no caminho seja motivo suficiente para desistir da grande empreitada. Não basta estudar e ter o conhecimento se não houver vontade própria suficiente para superar todos os inevitáveis obstáculos.

O investidor deve **controlar o ego e a arrogância** que podem emergir quando se atinge determinado sucesso financeiro. Da mesma forma que se atinge o objetivo, apenas a humildade de continuar aprendendo e semeando o manterá em condições de permanecer sendo merecedor dos frutos colhidos.

A experiência lhe trará **a confiança** durante as operações no mercado, que tenderá a aumentar a cada realização de grandes lucros, especialmente se as cotações caírem logo após a venda. Essa confiança será muito importante para fortalecer a autonomia de suas decisões, mas sempre acautelando-se contra excessos, que, em última instância, podem dar lugar à imprudência.

O bom investidor sabe que **é responsável pelos resultados auferidos**. Ele não atribui seu sucesso ou fracasso a terceiros, pois, ainda que tenha seguido conselhos de terceiros, sabe que a responsabilidade é tão-somente dele, assim desfrutando a satisfação com seus lucros, mas também suportando resignadamente os prejuízos das operações que realiza. Isso é fundamental na medida em que ter a noção de que se é responsável permite à pessoa modificar sua forma de decidir, aprimorando-se, o que não é possível para aqueles que sequer reconhecem a existência dessa necessidade de mudança. Ainda que o êxito seja derivado de uma "dica" de terceiros, ninguém é coagido a acreditar nela sem antes consultar a fonte da informação, conferindo a idoneidade e a veracidade do que é informado e se há alguma lógica por trás da "dica", com fundamento suficiente para merecer crédito.

Os investidores de sucesso **seguem a estratégia planejada**, mesmo durante um turbilhão emocional, pois "são sistemáticos, organizados e focalizados. Eles têm a paciência de juntar evidências, testar idéias e não desistir de um problema difícil". (Smith, 2005, p. 72) A bússola permanece nas mãos durante os momentos difíceis e, efetivamente, é consultada.

Por fim, deve ser exaltada **a capacidade de admitir erros,** fundamental para evitar a dilapidação do patrimônio quando premissas equivocadas geram decisões imprecisas. É essencial estar disposto a corrigir os erros. Negá-los, ainda que apenas para si próprio, apenas aumentará os prejuízos.

7.3. Comportamentos negativos do investidor

O comportamento do investidor pode gerar as piores toxinas para o sucesso financeiro. Por essa razão, convém discorrer sobre alguns desses comportamentos negativos, isoladamente, o que acabará, também, por incentivar as condutas mais adequadas que se esperam dos bons investidores.

O primeiro é, certamente, aquele do qual derivam vários outros comportamentos erráticos: **irracionalidade**. De nada adiante um vasto currículo técnico se o investidor é dominado pela emoção durante o pregão. Uma grande capacidade de vislumbrar uma oportunidade é insuficiente se a execução da estratégia ficar comprometida pelas emoções. Investir na bolsa não é como assistir a uma partida de futebol, em que se escolhe um time e começa-se a torcer para que ele ganhe, pulando, gritando, gesticulando, comemorando cada lance bem-sucedido e sofrendo com as derrotas. Nada disso interferirá no desempenho da empresa e de suas cotações.

Paulos (2004, p. 91) lembra que "'paixão', 'entusiasmo' e 'otimismo exagerado' não são palavras que ocorrem naturalmente quando se fala em investimento em valor". Ele (p. 25) ainda refere-se à exuberância e ao desespero irracional que tomam conta dos investidores, como demonstraram os episódios referentes à bolha da Nasdaq, quando, em um único mês, ocorreram as maiores altas e baixas diárias em pontos entre 2000 e 2002.

De fato, no curto prazo, o mercado comporta-se com uma sensibilidade absurda, pela qual pequenos movimentos da economia ou notícias servem de pretexto para as mais diversas reações, influenciadas pelas percepções momentâneas do mercado, que acabam por interferir na tomada das decisões que realmente "interessam" para definição dos próximos movimentos.

O **efeito manada** é um comportamento em que a massa segue a direção do mercado seja lá para onde ele estiver levando. É o que costuma gerar as bolhas, caracterizadas por momentos em que os investidores, ofuscados pelos lucros passados, continuam acreditando que permanecer naquele movimento lhe trará lucros eternos. Todo efeito manada termina no estouro de uma bolha, que traz prejuízos de grande monta para os especuladores e afeta toda a economia. Exemplo é o que tem acontecido com as cotações de algumas commodities.

Ferreira (2008, p. 195) comenta que o fundamento psicológico do efeito manada é desencadeado pelo desejo de se adaptar ao comportamento do grupo e pela falta de informação, geradora de incertezas. Quanto menor o conhecimento, a capacidade de verificar sozinho se a cotação de uma empresa efetivamente representa uma oportunidade de compra, maior será a necessidade que a pessoa terá de acompanhar a massa.

Além disso, a neurociência pode explicar parte do efeito manada. De acordo com Zweig (Graham, 2007, p. 252), nosso "cérebro é projetado para encontrar padrões mesmo onde eles possam não existir" e, quando o evento positivo se repete, a substância química dopatina liberada causa sensação de euforia, fazendo o investidor sempre querer repetir o método que causou resultado positivo.

Assim, a subida de uma ação seguidas vezes provoca uma natural euforia e o investidor espera que isso continue acontecendo para sempre. O investidor começa a padecer de um verdadeiro vício que o instiga sempre a seguir um mesmo padrão de comportamento na cega crença de que essa conduta resultará em lucros. Quando há desvalorização do preço das ações, a amígdala é estimulada, gerando medo e ansiedade.

A **indisciplina** também pode diminuir a possibilidade de êxito nos investimentos, bem como **a ganância**, que pode surgir quando determinado ativo começa a subir demais e o investidor, embebedado pelos ganhos recentes, esquece-se de que a irracionalidade que age sobre os preços naquele instante pode se dissipar com extrema velocidade, impedindo a realização dos lucros. Esses comportamentos negativos também podem incentivar as pessoas a ampliarem suas apostas mesmo quando tudo indica que os preços estão caros demais.

Paulos (2004, p. 173) traz um ótimo exemplo, relatado por Omerod, envolvendo formigas, que pode servir de base para entender como o comportamento do ser humano incentiva outros a seguirem na mesma direção. Segundo ele, duas pilhas idênticas de comida foram colocadas a distâncias iguais em direções opostas, sendo sempre reabastecidas, inexistindo qualquer fundamento para preferência por uma ou outra pilha. "Depois que uma formiga descobre comida, ela estimula fisicamente as outras formigas, que talvez estejam freqüentando a outra pilha, a seguirem-na para a primeira pilha." No mercado acontece o mesmo em relação às ações de empresas populares. É sempre mais fácil trilhar caminhos conhecidos do que desbravar o desconhecido em busca de novas e maiores riquezas. Contudo, o retorno advindo de um esforço maior pode ser incrivelmente recompensador.

A **impaciência** é um dos piores inimigos do investidor em valor. Ela impede que se espere o tempo necessário para que o mercado descubra uma alternativa interessante. Dificilmente quem é impaciente conseguirá aguardar pelo momento de colher, na plenitude, os frutos das boas escolhas ou, simplesmente, deixará de comprar algumas ações apenas porque, embora atraentes, não têm a paciência de esperar o mercado reagir aos bons fundamentos de uma empresa.

O investidor também não pode ser enganado pelas **ilusões de ótica** que o mercado sempre está a oferecer para fundamentar decisões pouco inteligentes. Trata-se de uma verdadeira miopia em relação ao valor da empresa alvo do investimento. Pode-se continuar comprando sistematicamente ações de determinada empresa, ainda que o barco esteja à deriva e já seja hora de saltar fora. Isso é fruto da paixão que se tem por determinados papéis, impedindo o investidor de enxergar os riscos de suas decisões. Em muitos fóruns de investimentos, é possível verificar como as ilusões alimentadas por criações mentais levam investidores a defender com veemência o seu ponto de vista particular, ainda que as informações que serviram de base para o pensamento não tenham respaldo fático e racional. Isso incentiva muitas mensagens em fóruns de investimento, do tipo "vai bombar", sem motivos concretos e análises de qualidade.

A ilusão de ótica é também alimentada por preços-alvo irreais, mirabolantes, baseados em premissas insustentáveis, mas que têm o poder de criar a sensação de segurança. Nos relatórios sobre empresas disponibilizadas por analistas e corretoras, o mais provável é pesquisar diretamente aquelas que possuem o maior *upside* sugerido, dado o poder de atração exercido sobre a mente humana.

Várias foram as IPOs que geraram forte demanda em razão de ilusões de ótica, confirmadas pelos preços atingidos não obstante o risco de não serem confirmados os cenários desenhados.

A ilusão tem forte apelo no tocante aos preços mínimos e máximos que as ações atingiram nos últimos 12 meses. O investidor desavisado olha o preço a que o ativo já foi negociado e, caso esteja distante da referência, compra sem uma pesquisa apropriada para entender o movimento de queda das cotações.

A dependência da análise de terceiros resulta na necessidade do **viés de confirmação** das análises próprias. Quanto menor o conhecimento e a capacidade analítica e de se manter racional no meio da multidão emocional, maior será a necessidade de abrir mão da própria convicção. Os analistas, então, servem de âncora quando projetam os resultados das empresas. Assim, qualquer diferença nos resultados gera medo ou euforia nas pessoas que dependem disso para visualizar o mercado. Foi o que ocorreu no mercado brasileiro com os resultados da Vale e da Petrobras, referentes ao primeiro trimestre de 2008. Enquanto na primeira esperava-se melhor desempenho, na segunda o resultado veio acima das expectativas, e as cotações seguiram direções inversas, subindo no caso da Petrobras.

A necessidade do viés de confirmação aproxima as pessoas que tendem a decidir segundo os mesmos critérios, com escolhas assemelhadas. Até mesmo nos fóruns de investimento é possível constatar a aproximação das pessoas conforme suas afinidades, seja pelo método que utilizam para análise das ações, seja pela percepção que alimentam de determinados ativos.

A primeira previsão que se faz sobre algum indicador geralmente serve como base para as previsões que se sucedem, formando uma espécie de consenso. Para tanto, basta verificar as indicações de valorização da bolsa em determinado período, as quais gravitam em um eixo bastante próximo, subindo e descendo em bloco, conforme os humores do mercado.

O **efeito inércia** também age sobre a conduta dos investidores, em razão da qual as pessoas tendem a manter os recursos aplicados da mesma forma e com maior ênfase nas escolhas mais recentes para "medição" do êxito nas decisões de investimento. Uma das sensações que acomete o investidor, tanto pelo lado da alegria, como da tristeza, são as referentes às compras ou vendas mais recentes. Há grande preocupação para que a última decisão seja vitoriosa. Mesmo que sejam 20 os papéis na carteira, o que terá a alta mais comemorada será o da última escolha, e a vibração será ainda maior se os preços do papel vendido começarem a cair. No entanto, em uma carteira de investimentos, a valorização de quaisquer dos 20 papéis que subam, se de proporções aproximadas, apresentará o mesmo resultado. A única diferença ocorre na mente do investidor, ficando a sensação de que você tomou uma grande decisão. Esse pensamento demonstra muito sobre como lidamos com as decisões mais distantes e aquelas mais recentes.

O capital conseguido em razão da variação positiva das cotações das ações compradas não deve ser tratado com **desleixo**. Tanto o dinheiro ganho no mercado quanto o capital novo aplicado possuem o mesmo valor. Alguns ganhadores de loterias são ótimos exemplos de como a forma de conquista do capital influencia em sua utilização e seu cuidado.

O investidor de sucesso não deve **acreditar em qualquer notícia plantada**, bastante comum em fóruns de investimento, cujos interesses são os mais diversos e nem todos coincidentes com o objetivo de melhorar a propagação das informações verdadeiras e efetivamente debater boas técnicas de investimento.

Há casos mais extremos em que uma mesma pessoa cria dois usuários diferentes para simular uma conversa acerca de "uma grande oportunidade", na tentativa de desencadear o efeito manada. O investidor qualificado, ao se deparar com uma informação e análise, faz sua própria abordagem e checa a veracidade e a fonte da informação. Ele não coloca seu capital em risco com base na palavra de pessoas com propósitos desconhecidos.

O investidor pode comprometer seu desempenho no mercado quando passa a **focar apenas em operações de curto prazo**. Em milhares de anos, durante sua evolução, o homem teve que buscar a caça para satisfazer as necessidades imediatas, normalmente em bandos e mirando as presas mais fáceis. Muitos, ainda, se comportam assim durante o pregão, seguindo a tendência do momento, preferindo o ativo popular. Sob esse contexto, o estudo dos fundamentos de uma ação é muito parecido com o aprendizado do homem sobre a criação de animais e o cultivo para a subsistência. Escolher boas ações equivale a plantar para colher frutos no futuro, deixando de lado as caças diárias. No médio e longo prazos, esse comportamento aumenta a possibilidade de resultados melhores, sem o estresse das operações diárias. É claro que isso exige um estudo prévio, da mesma forma como a preparação da terra e a construção de ambientes propícios para criação dos animais são essenciais.

Em vários momentos estamos respondendo a questão relativa a se queremos algo para agora ou amanhã. As oportunidades que visualizamos atualmente podem começar a gerar frutos apenas mais adiante. Quem sabe esperar, e adota a estratégia adequada, pode aproveitar essas oportunidades. Quando o foco é o resultado imediato do próximo *trade*, principalmente quando se utiliza capital com prazo de validade, a análise de bons fundamentos das empresas perde muita importância.

O investidor de sucesso sabe de sua responsabilidade na busca das melhores opções, por isso não é **preguiçoso**.

Da preguiça deriva a vontade de muita gente preferir seguir apostando na loteria a tentar uma forma diferente de angariar capital suficiente, de forma honesta, para uma vida tranqüila. Kiyosaki & Lechter (2004, p. 175) dizem que "é fácil trabalhar muito e não ir a lugar algum. É fácil agarrar-se a um emprego e culpar o chefe que não dá um aumento. É fácil dizer não dá".

A preguiça prossegue na hora de selecionar bons investimentos e quando se acredita em toda e qualquer alternativa como lucrativa, sem ao menos fazer uma análise do tamanho da oportunidade. Eles concluíram, então, que "o mundo está cheio de pessoas que lhe oferecem maus investimentos. Se quiser que o dinheiro trabalhe para você, não se dê ao luxo da preguiça. Os preguiçosos aplicam nos investimentos que os ambiciosos rejeitam". (p. 175)

A mesma determinação que muitos têm na hora de fazer seus gastos, como os relacionados à compra de imóveis, a lazer e a veículos de passeio, os investidores de sucesso possuem quando selecionam seus investimentos, e há uma grande diferença entre esses dois tipos de escolha: enquanto o seu objeto de desejo, como a casa de praia e o carro novo, trará mais gastos no futuro, exigindo ainda mais trabalho seu para mantê-lo, o bom investimento permite que você faça o que quiser mais cedo, inclusive com mais tempo para aproveitar melhor a compra de um eventual carro de luxo ou de um imóvel de lazer.

O **excesso de confiança** traz danos ao investidor, na medida em que enseja a entrada em operações de risco excessivo sem as cautelas necessárias. Também não se deve ser dominado pelo **medo** que impede a tomada de decisões importantes em momentos de crise. Justamente quando as melhores oportunidades são oferecidas, somem os compradores do mercado. Ganha, então, quem consegue dominar o medo e toma as cautelas suficientes na hora da negociação.

O investidor de sucesso não é um **jogador**. Ele mantém o foco no processo de investimento e opta por ganhar de forma sistemática, e não com base na sorte de decisões de curto prazo. A incapacidade de resistir às operações especulativas de curto prazo pode ser um sinal de que é o momento de parar e refletir sobre a atuação que se pretende ter no mercado acionário e o retorno que se pretende auferir.

CAPÍTULO

8

Caso Prático: A Carteira *Small Caps*

8.1. Aspectos gerais da carteira *small caps*

"Carteira *Small Caps*" foi publicado no blog de minha autoria (http://br.advfn.com/p.php?pid=blogbr&blog=small_caps) em meados de 2007. É a consolidação de indicações de possibilidade de compra de ações de algumas empresas que se mostraram atraentes conforme os critérios mencionados neste livro.

O objetivo foi demonstrar, na prática, os resultados que podem ser obtidos por investidores que abrem mão de investir apenas em ativos da moda, nas *blue chips*, na busca por investimento em valor de empresas menores, independentemente dos mitos que há em torno da arte de investir.

Muitos consideram "mais arriscado" investir nas *small caps*; outros dizem que a diversificação diminui os ganhos e que só se ganha ou na alta ou na baixa. Por fim, há quem diga ser "perigoso" comprar ações de baixa liquidez. São muitos os preconceitos e a carteira *small caps,* na prática, mostrou que tudo depende de boas seleções, seja qual for o tipo de ação que faça parte da carteira do investidor. O melhor: a seleção de *small caps* pode ter rentabilidade substancialmente superior a carteiras compostas apenas por *blue chips*.

Durante o período de euforia no mercado, a carteira *small caps*, apesar de não conter ativos "famosos" e basear-se em ampla diversificação, apresentou rentabilidade muito superior à dos índices IBX-2 e Ibovespa.

A rentabilidade final do ano de 2007, considerando a média aritmética das indicações, ultrapassou 100%. Durante o período de quedas fortes do índice Ibovespa, a carteira sugerida chegou a finalizar o mês com rentabilidade positiva e diversas vezes figurou como a mais rentável do mês em comparação a carteiras de investimentos sugeridas por instituições financeiras.

Os conhecimentos expostos neste livro serviram de base para a seleção das empresas, dos mais variados setores e com diversas razões para que o investimento se tornasse atrativo.

Os exemplos são os seguintes:

a) a importância de selecionar empresas em situação especial, e o que pode representar em termos de retorno para toda a carteira, ficou comprovada com a escolha da Minupar Participações S.A., cujo *case* é analisado integralmente neste capítulo;
b) a compra de empresas que apresentam crescimento não precificado previamente pelo mercado foi representada pela hipótese de investimento na Pettenati S.A. Indústria Têxtil, também analisada de forma detalhada neste capítulo;
c) a seleção com base em um longo histórico de resultados positivos foi a razão da seleção da empresa Tekno S.A. Indústria e Comércio, também objeto de estudo no presente capítulo;
d) as ações preferenciais das empresas Petroquímica União S.A. e da Mangels Industrial S.A. foram incluídas em razão do forte crescimento nas receitas e nos lucros que as duas empresas estavam apresentando, sem prévia precificação pelo mercado;
e) as ações preferenciais da Bardella S.A. Indústrias Mecânicas e do Banco Alfa de Investimento S.A. foram incluídas em razão de, ao mesmo tempo, estarem baratas e disporem de ativos contabilizados por valores bastante inferiores ao que representam atualmente no mercado. A primeira, por exemplo, chegou a ter mais de R$100 milhões em ações da Vale do Rio Doce contabilizados por pequena fração desse valor. A segunda detinha, e ainda detém, algumas ações da Bovespa Holding S.A. e da Bolsa de Mercadorias e Futuros (BMF S.A.);
f) a inclusão das ações ordinárias da Monteiro Aranha S.A. se deu pelo fato de ser uma holding cujo valor de mercado de suas participações era bastante superior ao preço em que eram negociadas suas ações.

Todos esses fatores eram desprezados pelo mercado e contribuíram para disparar as altas posteriores. A cada rodada de balanços, alguns eram comentados em meu blog, permitindo ao leitor verificar como os resultados influenciavam nas cotações de algumas empresas, levando-as a subir ainda que o mercado estivesse vindo abaixo.

Boa parte das escolhas, portanto, foi efetuada com base na reação aos resultados que mostravam empresas em franca evolução, sem que suas cotações precificassem isso previamente.

Durante a temporada dos balanços, bons resultados reforçavam a possibilidade de comprar mais ações de empresas que já estavam incluídas na carteira, ao mesmo tempo em que apontavam novas opções. É importante destacar que esses períodos de divulgação dos balanços costumam trazer surpresas e também podem sinalizar que certas premissas adotadas em relação a algumas empresas não aconteceram, revelando o momento mais adequado para avaliação das opções de investimento.

Após o estudo de diversas empresas pequenas e suas respectivas possibilidades de valorização futura com base nos critérios expostos neste livro, algumas eram selecionadas para a carteira *small caps*. O foco sempre foi a busca por empresas que, em um horizonte de 5 a 10 anos, pudessem trazer resultados muito satisfatórios. Isso acabou ocorrendo bem antes do prazo estabelecido, mas a meta de mirar o longo prazo jamais foi deixada de lado. Aliás, o fato de a valorização ter sido expressiva desde o início não é qualquer garantia de que isso sempre ocorrerá. No curto prazo, há muita sorte nisso também.

É claro que a carteira do investidor individual não deverá conter apenas *small caps*. Deve-se entender o objetivo da carteira sugerida no blog, que foi o de expungir da mente do investidor os vários mitos relacionados ao mercado acionário. Nada como a prática para comprovar os resultados que podem ser obtidos.

Finalizado o ano de 2007, apesar de não ser focada em poucas empresas e ignorar as *blue chips* de alta liquidez, o que muitos consideram como características indispensáveis para seleção de ativos, a carteira *small caps* acumulou expressiva valorização de 104,17%, com a manutenção de suas indicações por um período médio de seis meses. Nos últimos meses do ano ela resistiu até mesmo à turbulência ocorrida com os ativos de segunda linha, após a euforia das ofertas públicas iniciais.

Você irá perceber, a seguir, que quase nenhum dos ativos que constavam da carteira em 2007 é acompanhado pelas diversas instituições financeiras que publicam análises ao mercado. Isso reforça, portanto, o quanto é interessante você começar a estudar também essas opções, a fim de ampliar suas possibilidades de ganho. Compare o rendimento do Ibovespa no período, adotando a variação a partir de junho de 2007, que é a data média das inclusões na carteira. Enquanto o ganho da carteira *small caps* atingiu expressivos 104,17%, o Ibovespa variou 18,31%, ou seja, a valorização da carteira bateu o Ibovespa em mais de 80%, variando 5 vezes acima do referido índice.

Todos os ativos incluídos na carteira mantiveram cotações superiores ao do dia da inclusão. Em quase todos os casos, o ganho foi bastante expressivo, tendo batido 590%, em apenas 7 meses, no caso das ações da Minupar Participações S.A., que era o ativo mais arriscado, em situação especial.

A tabela a seguir demonstra o comportamento das empresas indicadas pela carteira *small caps*, contrapondo-as à pontuação aproximada do Ibovespa na data da aquisição do respectivo ativo (coluna à direita):

ATIVO	DATA	VALOR	ATUAL	VARIAÇÃO	IBOVESPA
MNPR3	**05/2007**	0,70	4,83	590,00%	50000
PTNT4	**02/2007**	4,50	15,95	254,44%	45000
MWET4	**02/2007**	11,52	31,50	173,44%	45000
RANI3	06/2007	22,00	46,99	113,59%	52500
RSUL4	08/2007	80,00	142,99	78,74%	54000
EALT4	**03/2007**	42,00	75,00	78,57%	45000
IGUA3	08/2007	7,00	12,00	71,43%	48558
MGEL4	08/2007	30,00	42,49	41,63%	51000
LUXM4	08/2007	65,00	87,00	33,85%	52997
TKNO4	**03/2007**	85,00	110,00	29,41%	45000
CTKA4	08/2007	69,90	89,99	28,74%	48558
MOAR3	08/2007	71,00	90,00	26,76%	48588
BRIV4	08/2007	7,25	9,00	24,14%	48558
BDLL4	08/2007	129,00	148,90	15,43%	48558
PQUN4	08/2007	14,27	14,61	2,38%	51000
MÉDIA	06/2007			104,17%	48954
IBOVESPA	jun/07	54000,00	63886,00	18,31%	

Portanto, quatro ativos ultrapassaram a vigorosa marca de 100% de alta em prazo exíguo. Se considerados apenas os seis (Minupar – MNPR3; Pettenati – PTNT4; Wetzel – NWET4; Celulose Irani – RANI3; Altona – EALT4 e Tekno – TKNO4) primeiros ativos que ingressaram na carteira *small caps* (indicações efetuadas até 06/2007), a valorização média acumulada chega a consideráveis 206,6%.

Quase metade dos ativos atingiu alta de 70% no período e apenas dois não chegaram a 20% de alta.

Destaquei, no final de 2007 e início de 2008, que o forte desempenho ocorrido em 2007 é muito difícil de se repetir sistematicamente, razão pela qual o investidor deve sempre manter a cautela e o comportamento adequados. Deve, também, ter o espírito crítico para analisar cada uma das escolhas, seja lá quem for o responsável pelas sugestões, até porque "resultados passados não garantem resultados futuros".

8.2. *Case* de empresa de crescimento: Pettenati S.A. Indústria Têxtil

A Pettenati S.A. Indústria Têxtil está sediada em Caxias do Sul, no Rio Grande do Sul, e iniciou as atividades em 1964. Atua no segmento de fabricação de tecidos acabados e confecções de alto valor agregado e tecnologia, inclusive para grandes marcas do esporte. É uma das poucas empresas cujo período de exercício social inicia-se em julho e encerra-se em junho do ano seguinte, ao contrário da esmagadora maioria das empresas, cujo período de exercício coincide com o ano civil.

Ela foi a primeira empresa a fazer parte da carteira *small caps,* oferecendo inúmeras evidências ao mercado antes de publicar resultados exuberantes comparativamente aos mesmos períodos de anos anteriores.

O ingresso na carteira ocorreu em fevereiro de 2007, pouco antes do balanço do último trimestre de 2006. No terceiro trimestre daquele ano, a empresa apresentou o balanço a seguir, que contém comparação do resultado com igual período do ano anterior, conforme principais dados:

DEMONSTRATIVO DO RESULTADO DA PETTENATI DO TERCEIRO TRIMESTRE DE 2006

	VALOR DO TRIMESTRE ATUAL	VALOR DO IGUAL TRIMESTRE DO EXERCÍCIO ANTERIOR	
DESCRIÇÃO DA CONTA - PRINCIPAIS DADOS	01/07/2006 A 30/09/2006	01/07/2005 A 30/09/2005	VARIAÇÃO
Receita Bruta de Vendas e/ou Serviços	81.299.123	55.831.626	45,61%
Deduções da Receita Bruta	-17.847.674	-12.211.882	
Receita Líquida de Vendas e/ou Serviços	63.451.449	43.619.744	45,46%
Custo de Bens e/ou Serviços Vendidos	-49.107.560	-37.186.573	32,06%
Resultado Bruto	14.343.889	6.433.171	122,97%
Despesas/Receitas Operacionais	-8.430.856	-8.342.335	1,06%
Resultado Operacional	5.913.033	-1.909.164	
Resultado Não Operacional	105.077	-277.299	
Resultado Antes da Tributação/Participações	6.018.110	-2.186.463	
Provisão para IR e Contribuição Social	-1.513.218	-56.714	
IR Diferido	-668.951	-33.576	
Lucro/Prejuízo do Período	3.835.941	-2.276.753	

Era nítida, portanto, a evolução que a companhia apresentava. A receita líquida crescia bastante (45%), enquanto os custos apresentavam crescimento mais modesto (32%), possibilitando um resultado bruto muito superior

(122%). É interessante notar que, apesar do forte incremento da atividade, as despesas operacionais permaneciam praticamente estáveis, ou seja: um exemplo de eficiente diluição das despesas fixas, que transformou um prejuízo trimestral de R$2,2 milhões em lucro de R$3,8 milhões.

Quando a empresa foi incluída na carteira *small caps,* suas cotações estavam em R$45 (cotação anterior ao grupamento aprovado em junho de 2007, equivalendo, atualmente, a R$4,50, sem considerar os ajustes derivados dos dividendos distribuídos), o que representava um valor de mercado de R$50,4 milhões.

Um simples cálculo mental de multiplicação do lucro líquido do último trimestre por 4 sinalizaria que, mantido aquele ritmo, seu indicador P/L ficaria próximo a 4, extremamente atraente. A relação preço-valor patrimonial por ação atingia apenas 0,65. O PSR, anualizando-se o resultado trimestral, era de 0,18, ou seja, a empresa custava apenas o equivalente a 18% do faturamento líquido anual ao ritmo do terceiro trimestre de 2006. Esses dois indicadores já chamavam a atenção, quando comparados à média do mercado e do setor.

Havia evidências de que os crescimentos da receita e do lucro continuariam fortes, uma vez que a empresa disponibilizava ao mercado informações acerca de seu faturamento mensal. A leitura atenta dessas informações mostrava que, nos meses de outubro e novembro de 2006, o faturamento havia atingido R$36,6 milhões e R$32,4 milhões, respectivamente, bastante superiores (73% na média) aos valores apurados no mesmo período de 2005, de R$18,7 milhões e R$21,1 milhões. A quantia era superior inclusive ao então valor de mercado da companhia e indicava que a receita cresceria muito em relação ao mesmo trimestre de 2005, inclusive quando comparado ao excelente desempenho do terceiro trimestre, pois bastariam apenas pouco mais de R$10 milhões de faturamento em dezembro para superar o faturamento bruto do referido período.

O mercado, no entanto, prosseguia ineficiente, incapaz de precificar todas essas novas informações disponibilizadas no site da Bovespa, e acabou sendo surpreendido a cada novo balanço que trazia a exuberância do momento da empresa. A demanda por seus produtos estava aquecida, o que era inclusive mencionado nos relatórios empresariais. O futuro da empresa permanecia interessante, uma vez que produzia tecidos e artigos de alto valor agregado, fornecendo para marcas famosas e para uma ampla gama de clientes.

Ao término do terceiro trimestre de 2006, mesmo após uma seqüência de resultados não muito alentadores, o passivo exigível da Pettenati S.A. Indústria Têxtil era pouco superior a 50% do passivo total. A liquidez corrente estava em situação confortável, com índice 1,51. O retorno sobre o patrimônio líquido (ROE) estava em franca ascensão. Além disso, inexistiam pressões de custo e os produtos do exterior, apesar da queda do dólar, não tinham força bastante para concorrer e corroer as margens empresariais.

Tratava-se de uma opção de crescimento a um preço razoável. O grande diferencial para compra das ações era a provável reação aos melhores resultados trimestrais, uma vez que a base de comparação do mesmo período do ano anterior trazia como realidade uma companhia com desempenho fraco, e foi o que aconteceu. Observe os resultados divulgados comparativamente ao mesmo período do ano anterior:

DEMONSTRAÇÃO DO RESULTADO DA PETTENATI DO QUARTO TRIMESTRE DE 2006

	VALOR DO TRIMESTRE ATUAL	VALOR DO IGUAL TRIMESTRE DO EXERCÍCIO ANTERIOR	
DESCRIÇÃO DA CONTA - PRINCIPAIS DADOS	**01/10/2006 A 31/12/2006**	**01/10/2005 A 31/12/2005**	**VARIAÇÃO**
Receita Bruta de Vendas e/ou Serviços	86.854.927	55.223.513	57,28%
Deduções da Receita Bruta	-18.575.531	-12.008.204	54,69%
Receita Líquida de Vendas e/ou Serviços	68.279.396	43.215.309	58,00%
Custo de Bens e/ou Serviços Vendidos	-50.797.945	-35.926.297	41,39%
Resultado Bruto	17.481.451	7.289.012	139,83%
Despesas/Receitas Operacionais	-7.173.697	-7.920.473	-9,43%
Resultado Operacional	10.307.754	-631.461	
Resultado Não Operacional	-302.135	9.340	
Resultado Antes da Tributação/Participações	10.005.619	-622.121	
Provisão para IR e Contribuição Social	-2.592.615	19.097	
IR Diferido	-376.250	-475	
Lucro/Prejuízo do Período	7.036.754	-603.499	

Os fatores que melhoraram as margens operacionais da companhia verificados no terceiro trimestre de 2006 foram intensificados no quarto trimestre. O lucro líquido foi incrementado e o balanço foi recebido com grande reação positiva pelo mercado, ocasionando uma curva ascendente no gráfico de cotações. O mercado demorou a perceber a melhora, mas, quando reagiu, foi rápido. Tanto é verdade que em resposta à consulta realizada pela CVM, a empresa justificou a elevação de suas cotações, por meio de informação encaminhada ao mercado em 12 de março de 2007, da seguinte forma:

"Com certeza a valorização das ações PN da Pettenati S.A. estão ligadas ao Balanço Semestral (31/12/06) encaminhado à Bovespa/CVM no início de fevereiro e que teve um resultado muito maior do que o obtido no mesmo período do ano anterior. Além do lucro, nosso faturamento também foi muito superior (51%)."

Os bons resultados prosseguiram nos trimestres seguintes. Observe a reação que o mercado teve com o conhecimento dos resultados positivos. A evolução das cotações é ajustada por grupamento e proventos distribuídos.

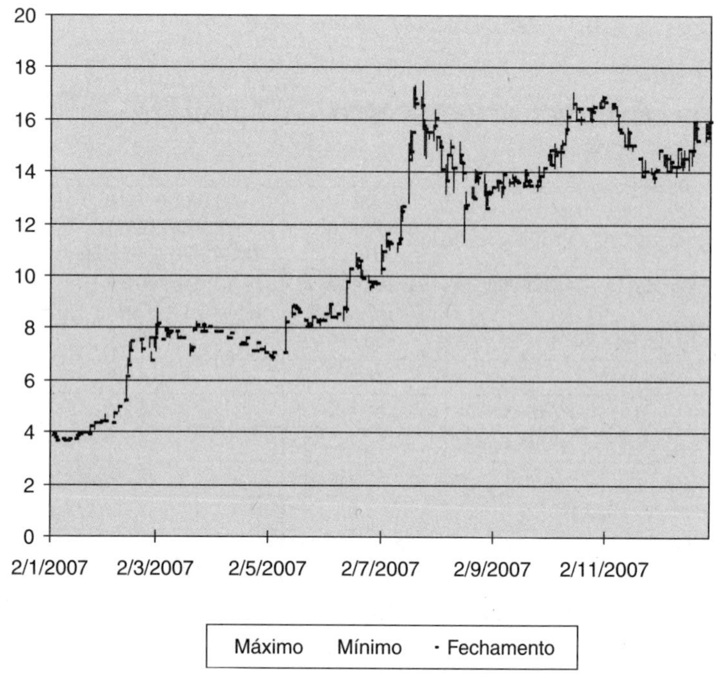

No dia 5 de junho de 2007 foi aprovada a internacionalização das atividades fabris da empresa. Uma nova unidade seria instalada na República de El Salvador, por meio de empresa subsidiária. Os investimentos são próprios e de terceiros, projetados em US$40 milhões no período de dois anos, conforme ata divulgada na Bovespa. O objetivo é "aproveitar acordos internacionais vigentes em outros países, visto que a supervalorização do real e a concorrência com os produtos asiáticos estão impossibilitando a penetração dos produtos da companhia, principalmente nos mercados europeu e norte-americano".

Assim, em razão dos novos passos que a empresa estava trilhando e da expressiva melhora em seus resultados, a Pettenati encerrou o ano de 2007 com valorização de 254,44% após a inclusão na carteira *small caps*. O desprezo do mercado pela empresa possibilitou grande lucratividade por investidores mais atentos, que puderam comprar as ações da empresa bastante baratas. O lucro anual por ação de 2007 foi praticamente equivalente à cotação que a empresa possuía em junho de 2006 e o dividendo anunciado referente ao ano de 2007 equivalia a mais de 20% disso.

8.3. *Case* de empresa de valor: Tekno S.A. Indústria e Comércio

A Tekno S.A. Indústria e Comércio, conforme consta em seu relatório de administração disponibilizado na Bovespa, referente ao ano de 2006, atuava em dois ramos de negócios:

"No mercado industrial, com a linha Kroma de aço pré-pintado e serviços de pré-pintura em bobinas metálicas para uso em diversos setores industriais, como o eletroeletrônico, automobilístico, de eletrodomésticos, refrigeração, alimentação, construção civil, dentre outros" e "no mercado de tintas industriais [...] com a marca Tintas Kroma. A partir de janeiro de 2007, essa atividade passou a ser exercida pela controlada Valspar Coil Tintas e Revestimentos S.A., constituída em dezembro de 2006".

Logo, a empresa era fornecedora de clientes atuantes em mercados com demanda bastante aquecida.

O ingresso na carteira *small caps* ocorreu em março de 2007, quando custava R$85 por 100 ações, antes da bonificação de 156 ações para cada 1.000, aprovada em 22 de abril de 2008, e do grupamento de ações decidido em abril de 2007. A escolha foi motivada pelo fato de a empresa ter um belo histórico de lucratividade, classificada como uma opção de valor, com boa margem de segurança. Na composição dos ativos da carteira, tinha a função de trazer menor volatilidade.

Sua atratividade, portanto, não estava vinculada a seu crescimento, ainda que existente. Bastava manter a ótima lucratividade. Observe os principais dados do histórico de resultados da empresa dos últimos 10 anos:

DEMONSTRAÇÃO DO RESULTADO DA TEKNO DE 1997 A 2006

Em reais

DESCRIÇÃO DA CONTA - PRINCIPAIS DADOS	2006	2005	2004	2003	2002	2001	2000	1999	1998	1997
Receita Bruta de Vendas e/ou Serviços	182.225.036	167.690.971	159.308.055	156.511.882	129.648.777	117.236.560	109.631.944	98.720.263	94.990.597	98.257.167
Deduções da Receita Bruta	–38.985.625	–36.332.994	–35.232.057	–30.463.314	–24.636.814	–21.915.365	–21.080.802	–17.430.021	–17.633.777	–16.256.640
Receita Líquida de Vendas e/ou Serviços	143.239.411	131.357.977	124.075.998	126.048.568	105.011.963	95.321.195	88.551.142	81.290.242	77.356.820	82.000.527
Custo de Bens e/ou Serviços Vendidos	–95.878.971	–94.226.542	–80.074.058	–84.804.297	–66.635.782	–64.930.248	–60.130.085	–55.900.919	–59.796.909	–66.656.253
Resultado Bruto	47.360.440	37.131.435	44.001.940	41.244.271	38.376.181	30.390.947	28.421.057	25.389.323	17.559.911	15.344.274
Despesas/Receitas Operacionais	–12.189.749	–10.905.464	–13.361.986	–12.081.056	–12.021.064	–12.934.568	–15.741.241	–16.669.215	–15.088.773	–11.799.914
Com Vendas	–8.776.883	–7.156.524	–8.392.810	–7.396.392	–7.187.173	–5.637.261	–4.504.050	–5.491.967	–5.135.506	–4.028.394
Gerais e Administrativas	–12.732.193	–12.164.472	–11.899.574	–12.471.979	–9.661.847	–9.734.316	–10.001.142	–9.283.714	–9.575.061	–8.380.107
Financeiras	9.255.612	8.162.854	6.511.791	7.450.781	4.656.461	2.224.144	–1.672.775	–446.987	404.355	151.526
Outras Receitas Operacionais	424.766	252.678	418.607	336.534	171.495	212.865	1.293.324	244.343	189.859	457.061
Outras Despesas Operacionais	–361.051	0	0	0	0	0	–856.598	–1.690.890	–972.420	0
Resultado Operacional	35.170.691	26.225.971	30.639.954	29.163.215	26.355.117	17.456.379	12.679.816	8.720.108	2.471.138	3.544.360
Resultado Não Operacional	221.362	73.345	17.698	2.436.012	715.950	115.233	184.660	470.408	251.737	–744.595
Resultado Antes da Tributação/Participações	35.392.053	26.299.316	30.657.652	31.599.227	27.071.067	17.571.612	12.864.476	9.190.516	2.722.875	2.799.765
Lucro/Prejuízo do Período	26.165.557	20.454.449	22.855.023	24.311.545	19.920.317	12.663.282	11.497.628	5.696.047	2.349.482	2.174.595

Assim, pode-se constatar que:

a) a receita líquida média de 1997 a 1999 passou de R$80,2 milhões para R$132,9 milhões entre 2004 e 2006, um crescimento de 65,7%;
b) o lucro líquido médio do período de 1997 a 1999 saltou 582,3%, de R$3,4 milhões para R$23,2 milhões no triênio de 2004 a 2006;
c) nenhum ano com prejuízo nos últimos 10 anos;
d) receitas financeiras tão elevadas que foram suficientes para quitar mais de 40% das despesas operacionais do ano de 2006.

Portanto, a demonstração dos resultados mostrava uma empresa pujante. Agora, observe os principais números do balanço patrimonial dos últimos 10 anos. Primeiro pelo lado do ativo e, depois, do passivo:

BALANÇO PATRIMONIAL – ATIVO

Em reais

DESCRIÇÃO DA CONTA – PRINCIPAIS DADOS	31/12/06	31/12/05	31/12/04	31/12/03	31/12/02	31/12/01	31/12/00	31/12/99	31/12/98	31/12/97
Ativo Total	156.559.013	136.790.549	127.218.473	111.840.688	93.833.575	76.221.916	66.812.646	57.193.630	53.347.764	52.292.826
Ativo Circulante	137.095.112	114.960.209	105.165.147	94.854.249	78.765.888	58.999.130	50.507.108	39.729.720	35.093.930	32.793.971
Disponibilidades	81.337.455	59.038.114	44.743.525	47.563.528	43.033.545	21.495.931	14.443.168	11.229.243	8.117.606	7.676.515
Créditos	27.078.992	25.088.695	27.166.194	22.756.485	17.886.817	16.738.235	15.468.991	12.588.490	9.357.139	8.546.482
Estoques	28.579.230	30.769.906	33.019.589	24.200.940	17.738.576	20.670.818	20.538.451	15.838.076	17.539.988	16.477.432
Outros	99.435	63.494	235.839	333.296	106.950	94.146	56.498	73.911	79.197	93.542
Ativo Não Circulante	19.463.901	21.830.340	22.053.326	16.986.439	15.067.687	17.222.786	16.305.538	17.463.910	18.253.834	19.498.855
Ativo Realizável a Longo Prazo	1.957.340	2.281.792	2.079.835	1.440.908	1.658.478	2.056.638	1.214.474	1.143.874	1.047.887	1.095.654
Ativo Permanente	17.506.561	19.548.548	19.973.491	15.545.531	13.409.209	15.166.148	15.091.064	16.320.036	17.205.947	18.403.201
Investimentos	32.957	32.957	32.957	32.957	19.358	42.049	28.468	24.275	20.676	34.450
Imobilizado	16.858.490	18.700.981	18.943.052	15.512.574	13.389.851	15.117.808	15.045.521	16.267.901	17.146.626	18.202.048
Diferido	615.114	814.610	997.482	0	0	6.291	17.075	27.860	38.645	166.703

BALANÇO PATRIMONIAL: PASSIVO

Em reais

DESCRIÇÃO DA CONTA	31/12/06	31/12/05	31/12/04	31/12/03	31/12/02	31/12/01	31/12/00	31/12/99	31/12/98	31/12/97
Passivo Total	156.559.013	136.790.549	127.218.473	111.840.688	93.833.575	76.221.916	66.812.646	57.193.630	53.347.764	52.292.826
Passivo Circulante	24.318.294	20.593.181	21.347.183	19.423.638	16.939.563	12.603.810	12.143.277	10.457.599	11.994.030	10.547.918
Passivo Não Circulante	906.931	615.256	593.641	1.062.436	1.182.845	1.737.268	1.850.604	2.382.330	1.397.870	3.616.844
Part. de Acionistas Não Controladores	92	73	59	47	45	33	22	14	8	14
Patrimônio Líquido	131.333.696	115.582.039	105.277.590	91.354.567	75.711.122	61.880.805	52.818.743	44.353.687	39.955.856	38.128.050
Capital Social Realizado	90.000.000	80.000.000	66.000.000	56.000.000	30.500.000	26.000.000	21.500.000	20.214.865	20.214.865	20.214.865
Reservas de Capital	1.740.177	1.740.177	1.740.177	1.740.177	1.740.177	1.740.177	1.740.177	1.474.000	1.412.116	1.380.003
Reservas de Lucro	39.593.519	33.841.862	37.537.413	33.614.390	43.470.945	34.140.628	29.578.566	22.664.822	18.328.875	2.321.044
Legal	9.616.079	8.307.800	7.285.078	6.142.327	4.926.750	3.930.734	3.297.570	2.722.688	2.437.886	2.321.044
Retenção de Lucros	29.977.440	25.534.062	30.252.335	27.472.063	38.544.195	30.209.894	26.280.996	19.942.134	15.890.989	0
Lucros/Prejuízos Acumulados	0	0	0	0	0	0	0	0	0	14.212.138

É possível concluir que:

a) a empresa tem forte posição de caixa líquido, com liquidez corrente superior a 5 e composto por quase 80% em disponibilidades ou créditos a receber;
b) o ativo circulante líquido, subtraído do passivo total, equivalia a R$111,9 milhões;
c) o retorno sobre o patrimônio líquido (ROE) disparou de 8,35%, no triênio 1997 a 1999, para 19,73%, entre 2004 e 2006.

Em um mercado tomado pela euforia no instante em que a empresa ingressou na carteira *small caps*, era uma das poucas alternativas com indicadores atrativos da análise fundamentalista, além de ter pago dividendos em todos os últimos 10 anos.

Com o preço de R$85 por 100 ações, o valor de mercado atingia a monta de R$172,5 milhões, o que equivalia, com os dados do balanço do ano de 2006, a um P/L de 6,59 e um P/VP de 1,31. A multiplicação de ambos resultava em 8,63. Logo, a empresa tinha P/L inferior a 15 e P/VPA menor que 1,5, e o produto de ambos não superava 22,5.

Passava, então, com larga vantagem, em todos os *checklists* como opção extremamente segura, com uma boa margem de segurança, afinal, só o que a empresa possuía como ativo circulante líquido, deduzido da dívida total, já equivalia a 64,8% de seu valor de mercado.

Não bastassem todos esses atrativos, a empresa divulgou, por meio de fatos relevantes disponíveis na Bovespa, outras informações ainda não contabilizadas no balanço. Nos dias 9 de novembro e 22 de dezembro de 2006, bem como em 16 de março de 2007, a companhia informou ao mercado a constituição de uma *joint-venture* com a empresa The Valspar Coil Tintas e Revestimentos S.A. Esse negócio trouxe para a Tekno resultado não-operacional, por meio de equivalência patrimonial, de R$16,1 milhões, o que equivalia a mais de 61% do lucro líquido de 2006.

O que já estava atrativo ficou ainda melhor e, após a divulgação de mais esse ganho extraordinário, não precificado pelo mercado, a Tekno ingressou entre os ativos da carteira *small caps*.

Com a divulgação dos resultados do primeiro trimestre de 2007, no qual constava esse efeito extraordinário, as cotações da empresa subiram. Isso comprovou, mais uma vez, a ineficiência no mercado ao precificar as empresas. A empresa obteve valorização de mercado de 29,41% após a inclusão na carteira, durante o ano de 2007.

Observe, no gráfico a seguir, o desempenho das cotações ajustadas por proventos e bonificações da empresa durante o ano de 2007.

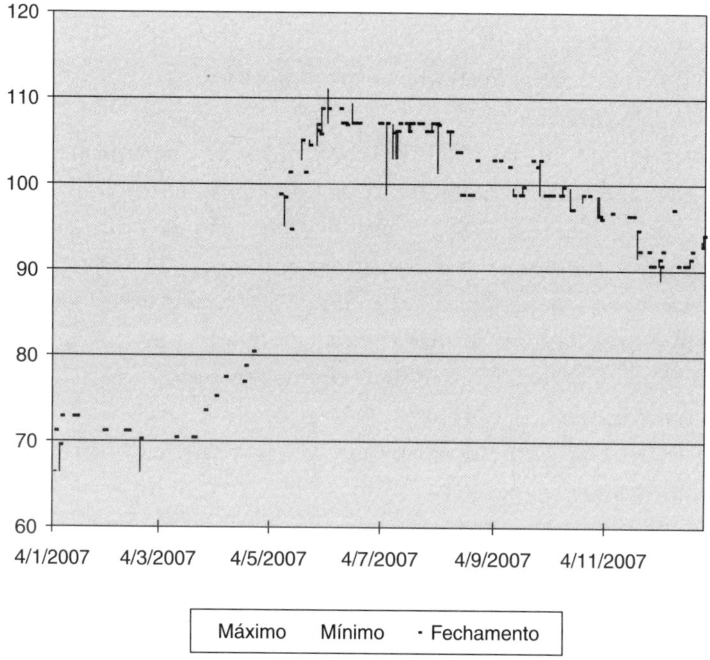

Portanto, o investidor pode optar pela seleção de empresas com grande histórico de lucratividade e com baixos indicadores de mercado da análise fundamentalista para conquistar ganhos consistentes com baixa volatilidade das cotações.

8.4. *Case* de empresa em situação especial: Minupar Participações S.A.

A Minupar Participações S.A. atua principalmente no segmento de abate e preparação de carnes de aves. Escolhê-la para integrar a carteira *small caps* foi uma decisão difícil. Ativos em situação especial costumam depender de fatores extraordinários para continuidade normal de suas atividades.

A empresa estava em concordata desde 2002, vinha pagando as parcelas da referida concordata e tinha significativo patrimônio líquido negativo.

Com a cotação das ações preferenciais em R$0,70 (ajustado pós-desdobramento e conversão em ações ordinárias divulgada em agosto de 2007), seu valor de mercado alcançava apenas R$13,5 milhões. Contudo, o faturamento líquido em 2005 foi de R$88,8 milhões e conseguia ter lucro Ebitda de R$2,7 milhões, conforme relatório da administração e balanço financeiro. Esse lucro Ebitda tinha alcançado a marca de R$4,1 milhões em 2004.

Como se observa, a análise da oportunidade em uma empresa em situação especial não ocorre pelos tradicionais índices Preço/Lucro e Preço/Valor Patrimonial por Ação.

Os indicadores PSR (0,15) e Preço/Ebitda (5) estavam atrativos, mas isso não bastava, diante do tamanho de sua dívida, superior ao próprio ativo da empresa, equivalente a R$83,5 milhões, situação essa que se denomina passivo a descoberto. Esse valor constava no balanço do terceiro trimestre de 2006. A empresa dependia de notícias de impacto, como contratos que permitissem a manutenção de suas atividades afetadas pela ausência de capital de giro suficiente; reestruturação de dívida, de modo a torná-la pagável; ganhos extraordinários, decorrentes de decisões judiciais.

A análise deveria estabelecer, então, se havia fatores atípicos além dos bons indicadores sob o ângulo de empresa em situação especial. Uma busca nas notícias no site da Bovespa, a partir da concordata deferida à empresa em novembro de 2002, trouxe aspectos interessantes.

A empresa manteve-se operacional especialmente pela prestação de serviços a terceiros. Em 5 de dezembro de 2003, divulgou fato relevante, disponível para consulta no site da Bovespa, em que anunciava contrato de parceria com a Sadia. Em razão disso, passou a prestar serviços para essa empresa em sua própria área de atuação, abatendo 120 mil aves por dia e produzindo 4,5 mil toneladas mensais de carne de frango. Arrendou, ainda, uma fábrica de rações. O fato relevante dizia, também, que esse negócio permitia à empresa manter sua operação e produção do ativo industrial. Em complemento ao fato, foram encaminhadas mais informações ao mercado em 17 de dezembro de 2003, na qual constava que o contrato teria duração de quatro anos, a partir do dia 6 de dezembro daquele ano.

No dia 30 de outubro de 2006, novo fato relevante publicado pela empresa informava que a unidade de Passo Fundo, no Rio Grande do Sul, estava arrendada para a Doux Frangosul e teve o contrato de prestação de serviços ampliado e estabelecido em 3 anos de duração, a partir de setembro daquele ano.

O contrato de parceria com a Sadia finalizaria no último trimestre de 2007. Existiam riscos e oportunidades. O risco era não haver continuidade dos contratos de prestação de serviços e a empresa não conseguir utilizar adequadamente sua capacidade fabril em razão da falta de capital de giro.

Por outro lado, o segmento de carne de frango estava muito aquecido, com preços de venda cada vez melhores. A impressão é que faltava capacidade instalada no Brasil para atender toda a demanda mundial pelos produtos. Várias empresas do setor cresciam fortemente, anunciando investimentos, e a pressão de curto prazo por quem pudesse oferecer capacidade produtiva era o grande atrativo da Minupar Participações S.A.

Aliado a isso, as notas explicativas do balanço do terceiro trimestre de 2006, último disponível quando as ações preferenciais da Minupar passaram a fazer parte da carteira *small caps*, indicavam que a empresa tinha ganhado causa fiscal relativa ao crédito-prêmio de IPI – exportação, que lhe garantia mais de R$32 milhões de créditos em impostos, montante 137% superior a seu valor de mercado.

As cotações davam os primeiros sinais de que empreenderiam alta a qualquer momento e, em 6 de março de 2007, a empresa divulgou fato relevante, desmentindo notícia veiculada na Agência Estado Broadcast, em 22 de fevereiro de 2007, que tratava da possibilidade de a empresa realizar oferta de ações e converter ações preferenciais em ordinárias. Começava, então, a circular rumores no mercado sobre novidades.

Eram essas as informações disponíveis no início de maio de 2007. Pesados prós e contras, e considerando o quanto se podia perder nessa escolha e a probabilidade de ganho existente, a Minupar Participações S.A. ingressou na carteira *small caps*. Isso só foi possível em razão da diversificação que minimizaria os eventuais riscos individuais e porque o valor de mercado da empresa era excessivamente baixo, deixando um *upside* fantástico ao investidor que acreditasse que ela conseguiria dar a volta por cima, voltando às atividades operacionais plenas.

Depois de ingressar na carteira, uma série de boas notícias foram divulgadas e impulsionaram a alta das cotações.

Primeiro, o balanço divulgado apenas em meados de maio, referente ao ano de 2006, informava que a empresa havia finalizado o procedimento para reconhecimento dos créditos tributários do crédito-prêmio de IPI. Apenas a atualização do crédito, pela Selic, elevou o valor para mais de R$145 milhões. A empresa custava no mercado menos de 10% disso quando ingressou na carteira.

Essa informação desencadeou altas nas cotações e, questionada pela CVM acerca da razão de tamanha variação nos preços, a companhia divulgou fato relevante, em 24 de maio de 2007, por meio do qual diz acreditar ser decorrente da divulgação do balanço com forte lucro líquido em virtude do evento extraordinário de reconhecimento de créditos tributários.

No dia 31 de agosto de 2007, o rumor referente à possibilidade de conversão de ações preferenciais em ordinárias e o aumento de capital por meio de subscrição de ações tornava-se realidade. Além disso, as ações seriam desdobradas na proporção de 1 ação em 10. Esse fato foi muito positivo, uma vez que a falta de capital de giro era um de seus maiores problemas e a conversão trazia mais garantias aos acionistas que possuíam ações preferenciais.

No dia 20 de novembro de 2007, a empresa divulgou que pediu o levantamento da concordata e reorganizou as sociedades controladas para diluição de custos fixos e das despesas gerais e administrativas.

Tamanha valorização dos papéis envolveu uma seqüência grande de fatos relevantes, e eles prosseguiam. No dia 26 de dezembro de 2007, a Minupar Participações S.A. anunciou a ampliação do contrato com a Sadia S.A., com aumento da produção e do prazo, agora de 5 anos. No dia 18 de fevereiro de 2008, a empresa divulgou novo fato, desta vez informando que havia dobrado o contrato de prestação de serviços com a Doux Frangosul, inclusive anunciando investimentos de R$3,5 milhões na unidade de Passo Fundo.

Enfim, os últimos acontecimentos do primeiro semestre de 2008 foram divulgados em 6 e 17 de março, que informavam uma redução de R$10,8 milhões ao quitar passivos financeiros de R$26,8 milhões por R$16 milhões.

Assim, a Minupar é um típico exemplo de empresa em situação especial que presenteou o investidor com um retorno de 590%, no ano de 2007, após ingressar na carteira *small caps*. O retorno chegou a bater mais de 3.000% nos 12 meses encerrados em abril de 2008 para quem comprou um pouco antes da inclusão na carteira (lembre-se da listagem das maiores valorizações da bolsa indicada no Capítulo 1). Nesse caso foi possível constatar que a alta não foi toda desmotivada e obra do acaso. Houve uma seqüência de fatores importantes, extraordinários, que possibilitam a melhora de empresas em situação especial.

É importante que, nos casos dessas supervalorizações, o investidor comece aos poucos a realização dos lucros, para possibilitar a compra de novas oportunidades e minimizar os riscos. Lembre-se da dificuldade que envolve o acerto dessas opções de empresa e de deixar o mercado indicar até onde pode ir um movimento de forte alta antes de vender definitivamente uma participação que, pelos indicadores fundamentalistas, pode começar a ficar cara.

O gráfico a seguir demonstra o desempenho das ações da Minupar no decorrer do ano de 2007. Inicialmente as cotações são das ações preferenciais e, após, das ações ordinárias, diante da conversão realizada de uma ação ordinária para cada ação preferencial.

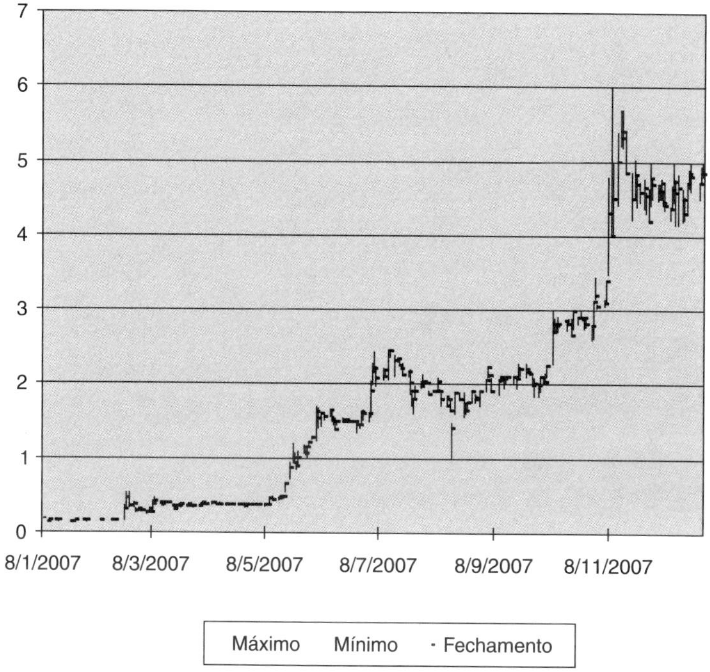

Portanto, empresas em situação especial podem ser um importante tempero para sua carteira de investimento quando selecionadas de maneira adequada, com os cuidados que circundam a decisão.

Agora, você rumou em busca da autonomia nas avaliações das empresas. Sempre que se deparar com uma "dica", avalie a hipótese de investimento. Os ativos da "carteira *small caps*" devem ser previamente analisados, a fim de verificar se continuam atrativos. O retorno é excelente quando seus êxitos se avolumarem. Bom trabalho!

Referências Bibliográficas

BAZIN, Décio. *Faça fortuna com ações, antes que seja tarde: profissional do mercado mostra o caminho.* 4ª. edição. São Paulo: CLA, 2006.

BUFFETT, Mary & CLARK, David. *O Tao de Warren Buffett.* Rio de Janeiro: Sextante, 2007.

DAMODARAN, Aswath. *Mitos de investimentos.* Coordenação técnica de Mara Luquet. São Paulo: Financial Times – Prentice Hall, 2006.

ELDER, Alexander. *Como se transformar em um operador e investidor de sucesso: entenda a psicologia do mercado financeiro, técnicas poderosas de negociação, gestão lucrativa de investimentos.* Rio de Janeiro: Campus/Elsevier, 2004.

FERREIRA, Vera Rita de Mello. *Psicologia econômica: como o comportamento econômico influencia nas nossas decisões.* Coleção Expo Money. Rio de Janeiro: Campus/Elsevier, 2008.

GRAHAM, Benjamim & ZWEIG, Jason. *O investidor inteligente; atualizado com novos comentários de Jason Zweig.* Prefácio e apêndice de Warren E. Buffett. Rio de Janeiro: Nova Fronteira, 2007.

HAGSTROM, Robert G. *O jeito Warren Buffett de investir: os segredos do maior investidor do mundo.* Prefácio de Bill Miller; introdução de Kenneth L. Fischer. São Paulo: Saraiva, 2008.

HAUGEN, Robert A. *Os segredos da bolsa.* Revisão técnica de Jairo Laser Procianoy. São Paulo: Pearson Prentice Hall, 2000.

KIYOSAKI, Robert T. & LECHTER, Sharon L. *Quem mexeu no meu dinheiro? Como fazer do seu dinheiro um campeão.* Rio de Janeiro: Campus/Elsevier, 2004.

PAULOS, John Allen. *A lógica do mercado de ações: uma análise prática do funcionamento das bolsas de valores.* Rio de Janeiro: Campus/Elsevier, 2004.

PÓVOA, Alexandre. *Valuation: como precificar ações.* 2ª. edição revisada e atualizada. São Paulo: Globo, 2007.

SMITH, Andrew. *Ferramentas mentais para traders: vença suas emoções e ganhe nos investimentos*. Rio de Janeiro: Elsevier, 2005.

TIER, Mark. *Investimentos: os segredos de George Soros e Warren Buffett: o que você realmente pode aprender com os investidores mais bem-sucedidos do mundo*. Trad. de Alessandra Mussi Araújo. Rio de Janeiro: Elsevier, 2005, 7ª. reimpressão.

Qual(is) o(s) conteúdo(s) de seu interesse?

Jurídico - ☐ Livros Profissionais ☐ Livros Universitários ☐ OAB ☐ Teoria Geral e Filosofia do Direito

Educação & Referência - ☐ Comportamento ☐ Desenvolvimento Sustentável ☐ Dicionários e Enciclopédias ☐ Divulgação Científica ☐ Educação Familiar ☐ Finanças Pessoais ☐ Idiomas ☐ Interesse Geral ☐ Motivação ☐ Qualidade de Vida ☐ Sociedade e Política

Negócios - ☐ Administração/Gestão Empresarial ☐ Biografias ☐ Carreira e Liderança Empresariais ☐ E-Business ☐ Estratégia ☐ Light Business ☐ Marketing/Vendas ☐ RH/Gestão de Pessoas ☐ Tecnologia

Concursos - ☐ Administração Pública e Orçamento ☐ Ciências ☐ Contabilidade ☐ Dicas e Técnicas de Estudo ☐ Informática ☐ Jurídico Exatas ☐ Língua Estrangeira ☐ Língua Portuguesa ☐ Outros

Universitário - ☐ Administração ☐ Ciências Políticas ☐ Computação ☐ Comunicação ☐ Economia ☐ Engenharia ☐ Estatística ☐ Finanças ☐ Física ☐ História ☐ Psicologia ☐ Relações Internacionais ☐ Turismo

Áreas da Saúde - ☐ Anestesia ☐ Bioética ☐ Cardiologia ☐ Ciências Básicas ☐ Cirurgia ☐ Cirurgia Plástica ☐ Cirurgia Vascular e Endovascular ☐ Dermatologia ☐ Ecocardiologia ☐ Eletrocardiologia ☐ Emergência ☐ Enfermagem ☐ Fisioterapia ☐ Genética Médica ☐ Ginecologia e Obstetrícia ☐ Imunologia Clínica ☐ Medicina Baseada em Evidências ☐ Neurologia ☐ Odontologia ☐ Oftalmologia ☐ Ortopedia ☐ Pediatria ☐ Radiologia ☐ Terapia Intensiva ☐ Urologia ☐ Veterinária

Outras Áreas - ____________________

Tem algum comentário sobre este livro que deseja compartilhar conosco?

____

* A informação que você está fornecendo será usada apenas pela Elsevier e não será vendida, alugada ou distribuída por terceiros sem permissão preliminar.

* Para obter mais informações sobre nossos catálogos e livros por favor acesse **www.elsevier.com.br** ou ligue para **0800 026 53 40.**

Sistema CTcP,
impressão e acabamento
executados no parque gráfico da
Editora Santuário
www.editorasantuario.com.br - Aparecida-SP